NOODLE

副作用あります!?

人生おたすけ処方本

三宅香帆

幻冬舎

はじめに

私たちが重い腰を上げて「本を読もう！」と思うタイミングは、ふたつあります。

ひとつは、本に憧れたとき。

たとえば小学生のとき、本を読んでる同級生がなんかかっこいいな～と思って、自分も分厚い『ハリー・ポッター』を読んでみる。いい光景ですね。ほかにも中学生のときにちょっと背伸びした小説を買ったり、大学生になって教授がすすめた本を読んだり、なんて経験しませんでした？　それです、それ。

しかし本を読むタイミングはもうひとつあります。

それは、自分が思い悩んだとき。

うーん、考えてもわからない。人に聞いてもわからない。きっと自分が求めている情報は、本くらいしか知らないだろう。そう思って、私たちは参考書をひらいたり、仕事に必要な専門書に目を通したりするんですよね。

でも、思い悩む内容は試験や仕事だけじゃなくて。日常生活の出来事について悩むときもある。

仕事に疲れて何もできないけど何かしたい、とか、彼氏と同棲すべきかどうかわからない、とか、なんか夜眠れないいんだけどどうしよう、とか。

誰かに聞いたりネットをあさったりしても、ぴんとくる答えが見つからない。人生の参考書はないのか、いったい。

そう悩んだとき、本をひらくといい、と私は思います。

私は、小説やエッセイや批評といった本を読むのが好きなのですが、好きな理由って「読書が楽しいから」だけじゃないんですね。楽しいからだけじゃなくて、「自分にとって一番しっくりくるヒントをくれるのが本だから」なんですよ。

仕事とか家族とか恋愛とかそんなざっくりした日常のテーマから、「死ぬことが無になることだとしたら、なんでみんな怖いって感じるんだろう」とか「生きることは絶望だって考えておいたほうがラクそうに見えるけど、ほんとだろうか」とか「人間って社会の雰囲気が変わってもみんな他人と比較して苦しむものなんだろうか」とか、自分だけが持つ疑問に対しても、本がいちばん近い答え、それから考えるヒントをくれる。

だから、私にとって本はもちろん「楽しさをくれるもの」でもあるけれど、同時に、「悩みについて答えに近いヒントをくれるもの」でもあるんですよね。

そんなわけで本書では、悩みを持ったときにそれぞれ読むとよい本について書きました。

病気のときに飲む薬が効くように、悩んでるときに摂取する本は、わりと、効きます。「この本はよく効く」と思う本を中心に集めました。

あなたの悩みに、読書が効くことをねがって！

目次

予防編

変身編

装丁／鈴木千佳子

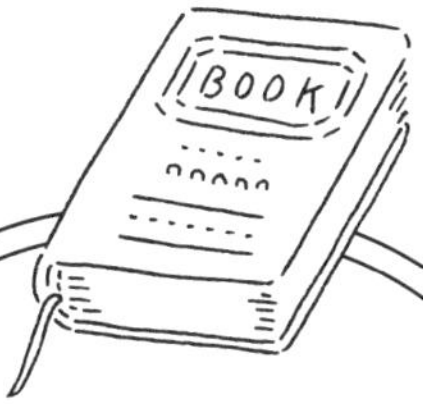

この苦しみ、とにかく

対症療法編

どうにかしたい！

01～10

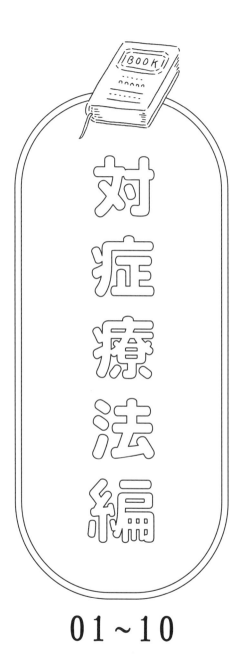

01

怒られた日の夜に読む本

『夏が僕を抱く』
豊島ミホ
（祥伝社文庫、二〇一二年）

効く一言

私は普段、居間で晩酌するお父さんの
横で宿題をやるけれど、
そういうのは絶対「いい子文化」の行為だ。

いい子でなんかいたくないけど、怒られたらがっつり傷ついてしまう。

……というのが日本でもっとも多い気質だと思うんですがいかがでしょうかそれは。

私は一九九四年生まれゆとり世代ど真ん中！　小学三年生から完全週休二日制になりました！　そんなのほほん平成生まれなので、もう、怒られたくないですね……。

でも怒られたときってたいてい自分が悪い。もちろん上の人の機嫌がよろしくないから怒られた、ってときもあるんですが、まあほとんどは自分が悪いのは分かってるときに怒られるんですよね。へ、へこむ。

でも怒られた日、家に帰ってからできることなんて正直ほとんどない。怒られた次の日に元気に職場や学校へ行くことが唯一のつとめ。というわけで、怒られた日は、できるだけ怒られたことを忘れてぐっすり寝ましょう。

……といっても忘れられないよー！　怒られたことが脳内にこびりついてるよー！

という方もいるでしょう。分かる。私もそういうタイプ。脳内で自分が怒られたときの台詞《せりふ》を反芻しちゃうタイプ。リピートしっぱなし。

だから私は、自分の好きな音楽をできるだけ大きな音で聞いて、できるだけ自分の境遇とかぶらない小説や漫画を読んで（没頭できる物語ならなおよし）、寝ます。そういうときは。

しかし自分の境遇とかぶらない小説や漫画って分からないよ〜と思う方もいるかもなので、私が最近へこんだときに読む小説をご紹介しましょう……。


毬男《まりお》が不良になるんなら私だってなるしかない。

と決めたのは、昼休みにトイレに行く途中で、A組の前に仲間とたむろっている毬男を見た時だった。


（『夏が僕を抱く』）


……という書き出しで始まる小説が、豊島ミホさんの短編小説集『夏が僕を抱く』なんですけど。どれも幼なじみの男女が出てくる、中高生から二〇代前半までの主人公たちの物語。ちなみに文庫本の解説で綿矢りささんは「欲しいなあ、幼なじみ」って言ってますね。わかる。この本を読むと幼なじみが欲しくなる。

って言っても、べつに漫画『タッチ』みたいな話が載ってるわけでもなく。ハッピーエンドなんだかわからない、みんな潔いのに迷っている男子と女子の話たち。

個人的な話をすると（ってここまで個人的な話しかしてないんですけどね）、この本を読むと、いつもどっかで泣けてきちゃうんですよね、私。なんか人が死ぬとか展開がかなしいとかそういうことは全くない話ばかりなんですけど。

なんでこの小説をへこんだときに読むかって、しめった匂いとか重苦しい曇り空とか相手のことがよくわからないまま進む会話とかそうはいっても欲望のままに突き進む女の子たちとかそれに戸惑いつつかわすしかない苦笑ばかりしている男の子たちとか、「今の自分には絶対ないんだけど、昔どっかで感じていたはずの風景」みたいなものをまざまざと目の前に出してくれるからなんですよ。この風景知ってる、この感情覚えてる、でもほんとにそんなのあったのかどうか確かじゃない、って。

考えたって絶対これという解答は出ないのだけれど、一応の推測として、研吾くんが言ったのは「場当たり的なセックスなんかしないぞ」ということだと思われた。見合いで始まった仲だから——結婚を前提にお付き合いしているのだから、けだものみたいにラブホになだれ込んでやっちゃったりするつもりはない。するんだったら、しかるべきホテルに予約を入れるべきだ。多分、そういう考え方なのだろう。

「しんじられん」

灯りの消えた階段をずるずるのぼりながら、わたしは独り言を漏らしていた。

今になって酔いがまわってきたらしい。足がもつれそうで、手すりにつかまらないとうまく進めない。

——世の中そういう考えの人もいるかもしんないけどさあ、それって「ヤるために会う」ってことじゃん？　いやわたしと大道さんだって、ばりばりヤるために会ってたわけだけど、なんかそういうことじゃなくて、それと別で、どっかおかしいよソレ。ああ、でもなにがおかしいのか説明できない……。（同書）

ああこういう感情、昔はもってた、もってた。って、思い出す。すこしばかりのノスタルジー。

へこんだときになんでノスタルジーにひたりたいんじゃお前は、と言われそうですが。でもね、考えてみてくださいよ。自分をちゃんとなぐさめてくれる感情なんて、懐かしさしかなくないですか？　懐かしさや既視感、それから切なさだけが私にやさしい。ものすごく雑な言葉で言ってしまえば「繊細」さだけが、私をなぐさめてくれる、みたいな。

でもこんなこと言うと誤解されそうでちょっといやなんですが、繊細さは、かならずしもナイーブであることと同義じゃない、と私は思うんですよね。いやお前「繊細」の英訳「ナイーブ」やろ！　と自分でツッコむ。でもちがうじゃんー！　ナイーブってのは、やさしさが内側、つまり自分に向いてるんですよ。自分の感情や痛みに敏感で、それゆえに世界に対してももっと敏感になってほしい、って思ってる。でも豊島ミホさんが『夏が僕を抱く』で描く繊細さは、やさしさがちゃんと外側、つまりは他人に向いている。

でも一時間目の休み時間、岬が弁当抱えて入ってきて（保健の先生と仲良しで、いつも保健室で早弁《はやべん》させてもらってたらしい）、弁当箱のご飯をあっという間に半分平らげると、なんでもないふうにあたしに言ったのだ。

——ほら、行くぞ有里。

岬のくせに、なに命令してんの？　むかつくんだけど！　とか文句たれながらもあたしは、岬の二メートル後ろを歩いて教室の前まで行き、するっとドアをくぐってしまった。

（同書）

こんなふうに、なにも言わないやさしさが、描かれる。

でも、だれかのことをやさしく、大切に思うほど、繊細に敏感に相手の挙動を感じとって、だからこそ「なんでそっちに行くの!!」みたいな妄想あるいは暴挙に出ちゃったりもするんですけど（余談ですが、なんでみんな、思春期の頃っていらん方向に妄想たくましく、行動力はあるのに「そっちじゃない!!」とハラハラするよーな場所に使うんでしょうね……。『夏が僕を抱く』を読んでると、自分が思春期だった頃の感情をまるっと呼び出せるんですけど、それにしたってなんであんなにぐるぐるしてたんだろって思いますねほんと……余談でした）。

たまに小説を読んでいると、現実世界ではそんなんじゃ生きてけないはずの登場人物のナイーブさにイラっとくるときがあるんですが（私だけ？）。『夏が僕を抱く』には、まったくそれを感じない。だけどやさしい。やさしいだけじゃないのに、繊細に、人のことを考える。だから癒される……というか、へこんだときに読みたくなるんだと思います。小説だけが私にやさしい！　と泣きそうになる。

いや、何度も言うけど、やさしいだけの場面なんて、なかなか出てこないんだけど。

小説には、というか『夏が僕を抱く』には、会社にいるときには思い出さない無数の感情がさらっと描かれる。たとえば、たぶん望めばずっとここにいられるけどでもこのまま甘えられないんだよなって諦めることとか、今は一瞬の意地で決意したけどそれはたぶん一年後には守れていない意地なんだろうなってうっすら分かることとか、幻想をずうっと見てたかった相手がやっぱりそんなの見せ続けてくれないんだって知ってることとか。ぜんぶ、大昔に感じたけど、ああやっぱりそんなの一瞬のことだよなって忘れようとしてた感情が、小説のなかで雨みたいに降ってくる。

だから私はこの小説を家で読んで、ちょっと窓の外の現実のことを忘れて、それから眠って、また明日現実に返ってゆく。いい子に戻ろうって、思う。

処方

怒られた日は、とにかくそのことをできるだけ脳から消去して、好きな音楽をいつもよりも音量大きめで聞いて、ぜんぜん自分と違う境遇かつちょっと毒っけのある小説を読んで、そんで眠るのが一番だと私は思います。やけ酒とかやけ食いよりも健康にいいし。おすすめです。

02

風呂に入りたくないときに読む本

『たいのおかしら』
さくらももこ（集英社文庫、二〇〇三年）

効く一言

腹が出ようが出まいが、ヒロシにとってはそんな事はどうでもいいのである。彼にとって一番の問題は、近所のおいしい魚屋が定休日のときはどこで買うのがベストであるか、という事ぐらいなものなのだ。

生涯、一度も、お風呂に入ることに「めんどくさっ」と思ったことのない人、なんていないんじゃなかろーか。

私が一人暮らしを始めたとき、一番驚いたのが、「入浴」の自由さとめんどくささだった。

実家にいた頃といえば、お風呂とはそもそも入りなさーいと言われて入るもんであって、そこには強制力しかない。当たり前だ、お湯が冷めてしまうし。だからこそ入浴という習慣が自由に己の手の中におさまるだなんて思いもよらなかった。自分ひとりのためだけにお湯をためる恍惚よ！　ちなみにわたくし湯船につからないと生きていけない族。

しかし入浴の恍惚は同時にめんどくさいという感情を連れてくる。ごはんを食べ、スマホを見たり読書をしたり、果てはTSUTAYAで借りてきた映画なんか観始めた日には、完全にお風呂 is 邪魔者だ。昨日の味方は明日の敵。

ごめんなお風呂、私はきみよりももっと抱き合いたい人間を見つけてしまったのだよ。

まぁ返却期限が明日の図書館で借りた本のことですが。

で！　そんな難儀な「お風呂に入るのがめんどくさい」タイムに読むべき本！

というお題を編集者さんから投げつけられました。

そ、そんな、これを読めばお風呂に入りたくなるよ〜だなんてこんまり流人生がときめく片づけの魔法ばりのお風呂自己啓発書がこの世にあるとでも思ってんのか。あまえないでほしい。

しかし私はこの原稿を書かなくちゃいけないんです、なぜならこの悩みを考えたのは編集者さんだから……私には編集者さんの頼みは断れないときめきの魔法がかかっているわけですよ。

しかしここで思いついた。

こうなったら「徹底的にお風呂に入りたくなくなる本」を選んでしまおうじゃないか！

だって人間いつまでもお風呂に入らずに生きてけるわけがないんですよ、ならばいつまでもお風呂に入らずに本を読み、観念したところでお風呂に入る、くらいがちょうどいいのでは？　だって無理に入ってもねぇ、ほら。

というわけで全国のお風呂入るのめんどくさい民族の一味たち今こそ立ち上がれ、私たちはこれを読むべきなんだ。

さくらももこの『たいのおかしら』。

なんでこんなに面白いのかわからんけど、さくらももこのエッセイは面白い。ってもはや日本国民全員がご存知であろう事実であるので、そこには深くツッコミはしない。

しかしさくらももこのエッセイの何がすごいのかといえば、この人のエッセイを、たとえばひとつの章を読み始める。最初の出だしの部分だけ、と。すると気がついたときに私は「はっ」と顔をあげる。数分経っている。気がつけばページは章の最後になっている。

さくらももこくらい、読者の目をするする進ませる文章を書ける作家って、ない。


美容院で洗髪してもらうのと、全身のコリをマッサージしてもらう時間というのが私にとって一番好きな瞬間である。洗髪もマッサージも甲乙《こうおつ》つけ難《がた》い程良い。これらの時間にかなう程の有意義な時間はめったにない。

今の私の望みといえば、いつ何時《なんどき》でも洗髪してくれてマッサージをしてくれる優しいおばさんが私の部屋に常駐してくれる事である。

その人は私がオナラをしようと鼻クソをほじろうと、決して笑ったりバカにしたりせず忠実にそして誠実に洗髪とマッサージを行《おこな》ってくれる様な人でなくてはならない。そんな人がいてくれる生活が、今のところ私の夢だ。少女の頃のように寝ボケた恋の夢をみている場合ではない。年をとったものだと実感している。

この文章をはじめて読んだ幼少期の頃、美容院の洗髪にもマッサージにも行ったことがなかったのに、強烈に洗髪とマッサージに憧れた。読みながら本を握りしめて「おおお……」と震え、どんな楽園かと妄想しながら美容院の洗髪とマッサージという魅惑の場所を想ったことを覚えている。

しかし今となっては美容院の洗髪もマッサージも経験し、どちらもたしかに地上の楽園ではあるし大好きなのだが、さすがに幼い頃読んだときの妄想力が喚起されることはない。が、それでもこの文章の面白さは変わらない。

するするっと読めて、笑ってしまう。

そして感心するのが「いつ何時《なんどき》でも洗髪してくれてマッサージをしてくれる優しいおばさん」が、ものすごくさくらももこの漫画に出てきそうなキャラであるところ。おそらく口数は多くなく、しかしそれでいてたまにニヒルな微笑みを浮かべるところがチャームポイントのおばさんなのだ。多分パンチパーマか後ろでお団子まとめ髪。

『たいのおかしら』を読むと分かる。エッセイでも漫画でも、さくらももこという人はぶれずにそのやさしく醒めた愉快な世界観を届け続けるんだな、と。

その目次を見てみれば、歯医者に行くこと、ドーナツが消えたこと、姉が心配ばかりかけること、習字のおけいこにはじめて行ったこと……どれもきわめて日常的な話題ばかり。『ちびまる子ちゃん』があれだけ売れても、さくらももこは、ずっとオナラとグッピーの話をする。そしてあくまでその延長線上に見えるさくらももこ的世界平和。

さくらももこはフラットに、日常から人生を見つめる。だって日常を送っていない人なんていないから、誰が読んでもさくらももこは面白いのだ。

それはちょうど、お風呂に入るのがめんどいと思ったことがない人なんていないみたいに、さくらももこが面白くない人なんていない。


腹が出ようが出まいが、ヒロシにとってはそんな事はどうでもいいのである。彼にとって一番の問題は、近所のおいしい魚屋が定休日のときはどこで買うのがベストであるか、という事ぐらいなものなのだ。（同書）

これは父ヒロシに向けた言葉だけど、さくらももこ自身に向けても当てはまる。世間が気にすることでも、どうだっていいことはどうだっていい、もっと大切なことは日常にあ

る。

そう言ってくれる人はこの世に意外と少なくて（だって大人になればなるほど世間が気にすること――お金とか仕事とか結婚とか子どもとか――を自分も気にするようになる）、だからこそさくらももこの文章を読むと、共感を込めた笑いがこみあげてくる。

こうして私たちはさくらももこの文章を読んで、げらげら笑い、「あーもっと読んでいたい」とお風呂に入れなくなるんですね。こまった！

処方

風呂に入りたくないときのさくらももこのエッセイは異常に面白いのはなぜなのか。ちなみに「部屋を片付けなきゃいけないとき」「試験勉強をしなきゃいけないとき」も以下同文。

03

女になりたいときに読む本

『女生徒』
太宰治
（角川文庫、二〇〇九年）

効く一言

きっと、誰かが間違っている。
わるいのは、あなただ。

「女の子」という名称に過剰に託された期待が嫌いだ。

なんだか、女の子には無限のパワーがあるとか、女の子文化とか、そういう言葉がいつの間にか蔓延《まんえん》している。気がする。私の気のせいだろうか？　それとも私の身の回りに多いだけなのか。

あまり多くの人にわかってもらえない前提で言うけれど、私は、女の子、というときの妙な優越感と自意識の肥大化を許してしまう空気が嫌いだ。

無駄に女の子に期待する文化。女も男も、である。宮崎駿はいつまでナウシカに世界を救っていただくつもりなのか。秋元康はいつまで女の子に被災地訪問させるつもりなのか。いや自分で救えよ、自分で行けよ、女の子に変な期待を、するな〜〜〜！　と、妙に凶暴な気分になる。まったく女の子も女の子だ、自意識を肥大させて許されるのは中二までだろ！　フリルとファンタジーの世界に甘えんじゃねえ！　と頭をはたきたくなる。

……と、ここまで言っておいてなんだけど、しかし私は女の子が大っ好きである。いや恋愛対象は男性なんだけれども、調査や思考の興味はわりと女性にある。男性アイドルには今のところ全く興味が湧かないけど、女性アイドルの情報は熱心に追いかけてしまう。本棚にもなぜか女性作家の作品のほうが多いし、好きな歌手もやっぱり女性が多い。今、世の中の女の子たちが何を考えていて何を見ているのかに興味がある。

……結局、最初に述べた「女の子」への恨みつらみは、同族嫌悪込みの愛憎なんですよね。はい、そろそろ気持ち悪いっすね。

ちなみにジブリ・ヒロインのなかで圧倒的に好きなのはナウシカ。メーヴェ、乗りたかったよね……。

長い前置きをおいて本題に入ると、今回紹介する太宰治の『女生徒』もまた、「女の子」に託された過剰な期待がでろでろに見える。けれど、そのぶん「女の子」への愛もひしひしと伝わってくる、私にとっては無視できない小説だ。

あさ、眼をさますときの気持ちは、面白い。かくれんぼのとき、押入れの真暗い中に、じっと、しゃがんで隠《かく》れていて、突然、でこちゃんに、がらっと襖《ふすま》をあけられ、日の光がどっと来て、でこちゃんに、「見つけた!」と大声で言われて、まぶしさ、それから、へんな間《ま》の悪さ、それから、胸がどきどきして、着物のまえを合せたりして、ちょっと、てれくさく、押入れから出て来て、急にむかむか腹立たしく、あの感じ、いや、ちがう、あの感じでもない、なんだか、もっとやりきれない。

（『女生徒』）

右に引用した冒頭から始まる『女生徒』という小説は、全編主人公の女の子のひとり語り。語られるのは、戦前の日本に生きるとある女生徒の日々。思春期特有の潔癖さ、世間への苛立ち、自分への期待、親への嫌悪。

なんとまあ太宰治は男性なのに女の子の一人称を書くのが上手いんだ……とびっくりしてしまうのだけど、この小説には種明かしがある。

実は、全編を太宰治が書いたわけではなく、彼のファンであった有明淑という実在の「女生徒」が日記を太宰に送りつけ、その日記を太宰が改編する形で小説に仕立てたんだってさ!!

いやー、私はもともと『女生徒』の何とも言えない女子特有のふわふわわした語りが好きだったもんで、はじめてこの事実を知ったときは少しショックだった。なんだ、太宰の上手いと思っていた女の子語りは、ふつーの女の子の日記だったのか……。そう思って読めば、なんとなく色あせてしまう。

だけど。今になって読み返すと、少し違った感想を抱く。

たとえば結末部分の「おやすみなさい。私は、王子さまのいないシンデレラ姫。あたし、東京の、どこにいるか、ごぞんじですか？　もう、ふたたびお目にかかりません」という文章。

はじめて読んだときはなんだかロマンチックで少女らしくていい文章だな〜と思ったのだけど……。今読むと、「いやこの言葉、ちょっとそれロマンチックにしすぎてないか？」とツッコんでしまいたくなる。なんつーか、それは太宰おまえ少女に妄想を付加しすぎてないか、と。

実際、結末の文章は、元の少女の日記にはなく、太宰治が付け足した言葉だったという。

そんなふうに一度ツッコミどころを見つけてしまうと、元ネタは「ふつーの女の子の日記」だったとしても、『女生徒』には太宰治の「理想の女の子に語ってほしい！　ロマンチック文章」が過分に付け足されていることが分かる。

実際、関根順子さんという研究者さんが『太宰治「女生徒」論――消された有明淑の語り』（東洋大学大学院紀要51巻、二〇一四年）という論文で、有明淑の日記と『女生徒』の比較をしつつ、太宰治がより「理想の女の子」的に文章を書き換えていることを解明している。ちょっとだけ論文の内容を見てみたい。

娘全体、希望が、思想が、すべて結婚にかけられてる／のだから。／今更ながら結婚なんてそんなに大きいものかしらと思う。

（「日記」〔六月二日〕）

子供、夫だけへの生活ではなく、自分の生活を持って生きて行くの／が、本当の女らしい女なのではないだろうか。

（「日記」〔七月三一日〕）

こちらが「結婚」に関する思いを綴った、有明淑の日記。結婚って世の中でもてはやされてるけど、そんなに大きなもんかな、という懐疑。でもやっぱり結婚しても子どもや夫だけでいっぱいになるんじゃなくて、自分の生活も大切にしたい……と、現代の私が読んでも「そうだよねえ」と頷いてしまいそうな、女の子の本音だ。

しかし『女生徒』で太宰治は「結婚」について、以下のように書き換える。

けれども、私がいま、このうちの誰かひとりに、にっこり笑って見せると、たったそれだけで私は、ずるずる引きずられて、その人と結婚しなければならぬ破目におちるかも知れないのだ。女は、自分の運命を決するのに、微笑一つで沢山《たくさん》なのだ。

（『女生徒』）

この可愛《かわい》い風呂敷を、ただ、ちょっと見つめてさえ下さったら、私は、その人のところへお嫁《よめ》に行くことにきめてもいい。

女は自分の運命を決するのに、微笑一つで沢山なのだ。とか、可愛い風呂敷を、ただちょっと見つめてくださったらお嫁に行く、とか。いや太宰、めちゃくちゃ可愛い女の子だしいい文章だと思うけど、思うけど、こんなふわふわした文章でいいのか⁉　と全力でツッコミを入れたくなる。いやほんと、こんな能天気じゃないから女の子は！　風呂敷で結婚なんか決まらないから！　ばかやろうと頭をはたきたくなるのは私だけかしら。

（同書）

もちろん太宰治による文章の付け足しは、文学作品としてのクオリティ担保、という側面もあるだろう。だけどそれ以上に、「女の子にはこういう語りをしてほしい！」という太宰治の欲望が透けて見える。

しかし話はここで終わらない。ツッコミつつも『女生徒』を読んでゆくと、太宰ならではの語りが見えてくる。

私たちみんなの苦しみを、ほんとに誰《だれ》も知らないのだもの。いまに大人になってしまえば、私たちの苦しさ侘《わ》びしさは、可笑《おか》しなものだった、となんでもなく追《つい》憶《おく》できるようになるかも知れないのだけれど、けれども、その大人になりきるまでの、この長い厭《いや》な期間を、どうして暮していったらいいのだろう。誰も教えて呉《く》れないのだ。ほって置くより仕様のない、ハシカみたいな病気なのかしら。でも、ハシカで死ぬ人もあるし、ハシカで目のつぶれる人だってあるのだ。

（同書）

太宰治は、『女生徒』の主人公に、「私たちみんなの苦しみ」を語らせる。それは一見、「大人になるまで」の苦しさ侘びしさといった、思春期ならではの苦しみに思える。だけど、単に思春期の苦しさを綴ったにしては、ちょっと熱がこもりすぎた文章である。

右の引用は以下のように続く。長いんだよ、これが。

放って置くのは、いけないことだ。私たち、こんなに毎日、鬱々《うつうつ》したり、かっとなったり、そのうちには、踏《ふ》みはずし、うんと堕落《だらく》して取りかえしのつかないからだになってしまって一生をめちゃめちゃに送る人だってあるのだ。また、ひと思いに自殺してしまう人だってあるのだ。そうなってしまってから、世の中のひとたちが、ああ、もう少し生きていたらわかることなのに、もう少し大人になったら、自然とわかって来ることなのにと、どんなに口惜しがったって、その当人にしてみれば、苦しくて苦しくて、それでも、やっとそこまで堪えて、何か世の中から聞こう聞こうと懸命《けんめい》に耳をすましていても、やっぱり、何かあたりさわりのない教訓を繰《く》り返して、まあ、まあと、なだめるばかりで、私たち、いつまでも、恥ずかしいスッポカシをくっているのだ。私たちは、決して刹那《せつな》主義ではないけれども、あんまり遠くの山を指さして、あそこまで行けば見はらしがいい、と、それは、きっとその通りで、みじんも嘘《うそ》のないことは、わかっているのだけれど、現在こんな烈《はげ》しい腹痛を起しているのに、その腹痛に対しては、見て見ぬふりをして、ただ、さあさあ、もう少しのがまんだ、あの山の頂上まで行けば、としめたものだ、とただ、そのことばかり教えている。きっと、誰かが間違っている。わるいのは、あなただ。（同書）

当人からしたら苦しくて苦しくてしょうがないこと。だけど他人は「そんなん、まあちょっとがまんしてれば治るよ」なんて言う。

それは、一見、思春期の女の子の苦しみを語ったように見えて、実は太宰治自身の苦しみを語っているのではないか、と思える。

つまり、女の子に仮託して、太宰は自分の苦しみを語る。こんなの女々《めめ》しい意見だって知ってる、他人からしたら「まあまあ」なんてなだめられるような苦しみであることは知ってる。だけど、それでも苦しくて、見て見ぬふりをすることができない。見て見ぬふりをしろだなんて言うやつが間違っている。だから「わるいのは、見て見ぬふりをしろだなんて言うあなた」なのだ。

そんなある種「女々しい」と思われそうな意見を、女の子に託せば、言うことができる。

そう考えると、女の子に過剰な期待すんなよ～と言いたくなりつつ、自分と真反対の場所にいる女の子に期待せざるをえないほどに、太宰は太宰で苦しかったのだろうか、と考えてしまう。

私たちは小説を通して、異性になったり年代を超えたりする。自分とちがった、真反対の存在にもなる。

そのときはじめて、現実ではできない体験をする。言いたいことが言えたり、今までできなかったことができたりする。

『女生徒』には、太宰が「女の子になったからこそ」書けた文章が遍在している。それを読むとき私たちは、自分がなりたかったけどなれなかった、そして言いたかったけど言えなかった、『女生徒』の女の子として語ることができる、のだと思う。

処方

女の子になりたいときには、『女生徒』を読めばよいのです。とある少女の日記に太宰治が手を加えてできた、けだるさも潔癖も含めた「女の子」が詰まった短編小説。

04

不当な扱いを受けたときに読む本

『嵐が丘』

エミリー・ブロンテ

（上・下、小野寺健訳、光文社古典新訳文庫、二〇一〇年）

効く一言

外へ出たい。また少女にもどりたい。野蛮人みたいに粗暴になって、何にも束縛されず自由になって……

ふつうの女の子に、もどりたーい！

……と言ったのはキャンディーズですが（古いっ）、「女の子だった時代に、もどりたーい！」と思う瞬間は、ありませんか？

正確には、「私のなかの女の子を、自由にしたげてくれ〜〜！」と思う瞬間。

はい、もうこのへんでこれを読んでくださってる男性の方にページを閉じられそうですね。いや男性の場合は「男の子」って変換していただけたら嬉しいんですけど。

世界中の女の人（あるいは男の人）に、私は聞きたい。

自分のなかに、小さかった、「少女」「少年」だった頃の自分は、存在していますか？

なんかね、大人になってよかったー！　って思うことのほうが、私は多いんですけど。

ビールおいしいし。日本酒おいしいし。いやお酒だけじゃなくて、ふつーにやれることやりたいことが大人になってからのほうがずうっと多いし。自分はむかしよりもいまのほうが強い！　って思う。

でも一方で、ああ子どものときのほうが強かったな……と思う唯一の行為があって。

それは、「反射的に嫌なもんは嫌って泣いて怒る力」。

小さい頃ってほんと、すくすく育っていれば、すぐぎゃんぎゃんと泣くじゃないですか。大人っぽくて泣くのをこらえる子でも、しかし大人になってからよりも子どものときのほうが「嫌なことを嫌だって言う力」は強いんじゃないかな、と思います。ていうか小さい子が嫌なこと嫌だって言えない状況は、だめです。

でもまぁ、大人になれば、嫌なこと嫌だって認識することすら時間がかかったりする。ちょうど筋肉痛が遅れて来るみたいに。

「あ〜〜い、いやだ、った……な……？　いまの、いやだった…………いやだったわこんちくしょう！！！　なんやねん今の！！！！！」って。

でもほんとは、すぐに嫌なことは嫌って認識して「やめてくださいそれ」って言うべきなんですよね。

もちろん立場や状況がそうさせないことは多いけど、それでもまず、嫌なことされたら嫌だって認識するのがはやいに越したことはない。

だから、私はたまに「自分のなかの女の子」を確認するんです。ギャン泣きしてた小さい女の子の自分が、ああまだ自分のなかにたしかに存在してるわ、と、撫でるように確認する。

この感覚、分かりますか？

分からねーよ！　と思われた方。はい、あなたに向けて書いてるんですからね。あのね、普段はこの「自分のなかの子どもの自分」を確認するのってけっこうむずかしい技能なんですけど。

実は、すぐれた文学というのは、あなたのなかのむかしのあなたを引っ張り出してくるものだ、と思うのです。

たとえば青春小説を読んでふいに高校時代の自分に戻ったような感覚になることってありません？

「あ、この感覚知ってるわ」ってとこをちゃんと引っ掛けて、人の記憶をずるるっと引き摺りだしてくる。それこそが、すぐれた文学というもののひとつの効用かなぁ、と思うのです。

そういう意味で、『嵐が丘』は、私を小さい女の子にする。

あるいは――私のなかの小さい女の子を、ざわざわと騒ぎ立てた末に、思いっきり叫ばせるんです。

「そんなの、やだ～～～～やめてよ～～～～！」って。

『嵐が丘』という「世界十大小説」のひとつにも選ばれるこの作品は、英文学のなかでも特異な傑作として知られています。

舞台は一八〇一年のヨークシャー地方。一人の男が「嵐が丘」を訪れ、主人のヒースクリフ、義理の娘・キャサリンやその従兄・ヘアトンに出会います。そこで女中・ネリーから、ヒースクリフと館にまつわるお話を聞かされる、という形で物語は始まります。

この「ヒースクリフにまつわるお話」というのが、『嵐が丘』という小説の大筋なんですね。

そのお話は、嵐が丘の旧主人が身寄りのない男児を哀れに思って、家に連れて帰り、ヒースクリフと名づけたところから始まります……。

この『嵐が丘』、普通は「ヒースクリフの復讐劇」というテーマで語られることが多い。まーたしかに彼は異様に執念が強いしとにかく存在感があるし、ヒーローになるのも分かる。しかもヒロインのキャサリン途中で死んじゃうし（キャサリンの子どもが交代ヒロインになる）、この物語通してずっと登場するのはヒースクリフだし。

……だがしかし！　私は異論を唱えたいっ。

やっぱ『嵐が丘』は、キャサリンの話でしょ!?　と。

外へ出たい。また少女にもどりたい。野蛮人みたいに粗暴になって、何にも束縛されず自由になって……いじめられても笑ってて、狂ったようになんかならない人間に。あたしはなぜこんなに変わってしまったの？　なぜ二言や三言のことで頭に血がのぼって、ひどい喧嘩になったりするのかしら？　もう一度、ひろびろした丘のヒースのなかにとびこめたら、ぜったい元のあたしにもどれるわ……もう一度窓をひろく開けて、そのまま閉まらないように押さえておいて！

（『嵐が丘』、上）

『嵐が丘』ヒロインのキャサリン（母娘）は、ずっと、少女だったころの自分を思い出す。

何度も、何度も。

キャサリンは、なにかをがまんしたりしないんですよね。とにかく嫌なことがあれば、不当な扱いを受けたら、怒る、喚く。血みどろの激情が小説中を駆け巡る。どうしようもない精神の暴走が物語を動かしてゆく。それこそ「嵐」のように、まるで小さい女の子みたいに。


だけどそんな嵐のような鬱屈や不満を抱えているのは、実はキャサリンだけではないと思うんです。実は私たちみんな、生きてたら多かれ少なかれ、嫌なこと抵抗したいことが満載で、それらに歯向かおうとする強烈な内側が存在している。ただ、ちょっとそれを抑えるのが大人になってうまくなるだけで。ほら、赤ちゃんの泣く姿の切実さを見れば、もともと人間ってこんなに「嫌なことは嫌！」って言う生き物だったんだよなと思いますもん……。

だけどこの『嵐が丘』という小説は、その痛みすら伴う魂の叫びを、剝き出しにしてしまう。

ただ、小さい女の子、男の子だった頃の私たちの、泣き叫ぶあの姿そのものを。

『嵐が丘』を読むと、そこにあるのは単なる恋愛とか悲劇とかそういうものよりも、ずっとずっと強い――それこそ丘の上を嵐が吹き荒《すさ》ぶ風景そのもののような――エネルギーそのものを感じるんですよ。

もちろんそれは作者のエミリー・ブロンテ自身のなかにあったもので、さらには私たち自身のなかにもあるんでしょう。

私たちが「嫌なことは嫌～～～」って言いたいけど言えないその抑圧を、ちゃんと暴走させてくれる小説。

『嵐が丘』を読むと、いつも、小さかった私が叫びだします。

それは『嵐が丘』が、いつだって「少女に戻りたい」って叫んでいるからで、つまりは「暴走した私こそが私なんだ」って大声で言ってるから――なんじゃないかな。

世の中、まずは「嫌なものは嫌！」って言うだけでもエネルギーがいりますから。とりあえず『嵐が丘』を読んで、キャサリンの「嫌なものは嫌！」パワーを、体内に取り込んでいきましょう。

処　方

とにかく主人公がわがままかつ怒っているので「自分ももっとわがままに生きるのだ！」と心底思わせてくれる小説。女の魂を思いっきり暴走させるとこういう物語になるんだなって思います……。不当な扱いを受けたらきちんと怒っていきたいですね。むずかしいけど。

05

友達とギクシャクしているときに読む本

『凍りのくじら』
辻村深月
（講談社文庫、二〇〇八年）

効く一言

本当に大事なものがなくなって後悔して、どうしようもなくなって。そうなった時、私は、それに耐えられるかなぁ？

友達とは同じ方向を向いているときだけうまくやれる。のは世界の法則だと私は思う。

相手が恋人ならば、こっちのほうを向いてよ、ってちょっと強引にその顔を引き寄せることがゆるされる。

だけど友達はちがう。私たち自然に同じほうを向いているよね、と思っているときだけ、友達は友達でいられる。

たとえば「私もあなたも恋愛なんてくだらなく思えて趣味の世界に没頭している」なんて状況の友達同士なんか最高だ。最強の友達。

受験勉強、文化祭、部活。中高生のイベントのどれもが友達をつくる絶好のチャンスであるのは、なかば強制的に同じ方向を見るしかないからだ。

だけど時が経って。あんなに仲のよかったふたりが、ある一方が既婚者で、ある一方が不倫に抵抗がなかったりすると……とたんにそれは脆く崩れる。ことがある。もちろん不倫なんてどんどんしていこーよ、と既婚者が寛大であるか、不倫しているほうが絶対にその事実を話さないストイックさを持っていたりするとちがうけれど。しかし一方は夫ののろけ、一方は不倫相手ののろけなんて状況には、ちょっと気まずくなるのが人情じゃなかろーか。

だからこそ、誰かと仲良くすることが苦しくなるときも、あるんだろう。

私は寂しいし、孤独だけど、覚めている。だから、悲しいことにみんなと同じような形では、恋で全てを解消することができない。私の恋には、ドロドロと濃いエゴばかりが凝り固まり、そこに求めるものが周りと違う。

（『凍りのくじら』）

『凍りのくじら』の主人公・理帆子は、実は『ドラえもん』をこよなく愛するがそれを周りに隠し、仲間内ではクールな振る舞いをする女子高生だ。付き合ってる友達は、恋愛や飲み会で憂さ晴らしをするやつらばかり。理帆子は内心彼らを馬鹿にしながらも、それでも彼氏をつくったり友達の相談にのったりしながら、日々を過ごす。

中高生のときって、友達がいても孤独だったように思う。ギクシャクした経験というよりも、友達がいても微妙に自分の浮遊感を隠しきれない、そんな時代は誰にだってあるだろう。見た目はいくら友達とうまくやっていても、自分の心の奥底では「友達ってこんなもんだっけなあ、どうしようかなあ」と迷っている、のがみんな本音ではないか。

辻村深月の『凍りのくじら』を読むと、あの頃の感覚がふっと蘇るのだ。

自分ばっかり孤独だと思い込んで、誰のことも愛する気なんかなくて、それでも世界への妙な期待ばかりが膨らんでいた。

友達、という存在との距離感が、ものすごく難しかった時期であったようにも思う。剝き出しの自意識のぶつかりあい。今となっては冷や汗しかかけない。

だけど今になって思えば、いったい友達に何のためにいてほしいのかって、結局そこには利害で説明できなくて、やっぱり友達って、いてくれるだけで嬉しいよね……という話に尽きる。

利害がないからこそ友達ともいえるんだけど、「一緒にいて楽しい」とか「とりあえず話を聞きたい聞いてほしい」とか「なんか調子よくなさそうだったら心配」とか、そういう些細な感情が友達という関係性を保たせている。

そう思えば、中高生の頃よりも、大人になってからのほうが、ずっと友達のことを大切に思うようになった。私は。

ヘンな話、中高生の頃に仲良かった友達のことが、大人になってからより好きになったというか。いやもともと好きだけど、そのありがたみを感じるようになった。

たぶん友達以外の関係性——上司とか後輩とか恋人とかただの知り合いとか——の種類

が増えたからだと思うけど。希少性を帯びてはじめて、そのありがたみが分かる、というか。

大人になって、自分の好きなものや価値観についてきちんと言葉にできるようになって、そんで「あなたはこれが好きでこういう思想の人なんだね！」って分かってもらえたうえで友達でいてもらえる、気がする。

だけど私は、Sukoshi・Fuzai（少し・不在）だ。いつでも。
場の当事者になることが絶対になく、どこにいてもそこを自分の居場所だと思えない。それは、とても息苦しい私の性質。
（同書）

『凍りのくじら』の理帆子を見ると切なくなる。ああ、こんなふうに一部の人間関係に閉じ込められて、誰にも自分の好きなものを開示しなかったら、そりゃ友達っぽい人がいても孤独だよな、と。

みんなを馬鹿だと思ってるのは自分で、だからこそ自分は「みんなとちがう」って感じるんだけど……自分で自分を孤独にしてるんだけど、でもそうせざるをえない理帆子。

彼女は変わることがあるのか否か。本を読んで、確かめてみてほしいけれど。

あなたが友達とうまくいかなくなるとき、それはきっと少し今までと向いてる方向が変わったときなんだろう。

だけどじたばたしたって他人は変わらないし、まずは少し落ち着いて、友達の「不在」を確かめて、自分の位置を確認すればいいんだと思う。そこに痛みは伴うけれど、でも、しょうがない。みんな、自分の向きたいほうを向くしかないから。

あるとき、楽しい時間を一緒に過ごせたことに感謝したら、別れはそんなに悪いことでもない、と私は思う。もちろん少し時間が経てば、また同じ方向を向くかもしれないし。一緒にいて楽しい、というか楽しい時間を過ごしたい、と思えるのが友達じゃないですか。

そんなことを思いつつ『凍りのくじら』を読むと、友達っぽい人と友達のちがいがよく分かって、ううむさすが『ドラえもん』を愛する主人公、とちょっと泣けてきてしまうのだった。

処方

周りの人とうまくやっていくことは大切だけど、そればっかり意識すると冷めてきちゃうし、たまには爆発しちゃってもいいと思います。「周りとうまくやれる」ばかりが人間関係じゃないなと感じる、ひねくれた子のための青春小説。

06

ひとめぼれしたときに読む本

『構造と力　記号論を超えて』

浅田彰

（勁草書房、一九八三年）

効く一言

人間を狂った生物とする考え方がある。実際、有機体が、確定的な生の方向《サンス》＝意味に従って、プログラムされたコースを歩んでいくとすれば、方向《サンス》＝意味の過剰を自然史的アプリオリとする人間は、放っておけばどちらを向いて走り出すかわからない、大変厄介な存在である。

残念ながら、恋より楽しい学問は存在する。って今ふと思ったんですけど、ほんとですかね。どうなんだろう。人によるとしか言いようがねえな。

でもねえ、今回「ひとめぼれしたときに読む本」なんでねえ。正直、きみがしているひとめぼれの恋よりも学問が面白い自信はない……。

でもでも！　ひとめぼれするってことは、たぶんきみは今ガッツがある状態だ！　と思う！　ので、ガッツがあるときに読んでほしい本を処方するよ！　『構造と力』（浅田彰）って本だよ！

はい、私も引きずられてハイテンションモードになっておりました。『構造と力』って、タイトルは有名なんですが、聞いたことありますか？　浅田彰が一九八三年に刊行したデビュー作、フランス哲学を題材に現代思想をまとめて、彼自身の見方——解釈といってもいいんですけど——を綴った本です。

読んでみるとたぶん「難し！　何言ってるかわからん！」ってまずは思うかもしれないんですけど、でも三六年前にはこの本がベストセラーになったわけですよ。ニュー・アカデミズムという、日本のアカデミック界でもだいぶ「何言ってるかわからん！」な口調でものを書く風潮が流行した時代です。ニュー・アカデミズムは『構造と力』の出版から始まった、って言われてるんですよね。

で、私も大学入って数年経った当初、とりあえず文学部に入ってるしここはひとつ『構造と力』の一冊でも読まねば、と思って（まじめだったのでね）、手にとったんですけど。何を言ってるか、まったく、分からなかった……。難しいんだよね！　浅田彰。

でも今再読してみると、要は「むかしはがっつり社会で構造が決まっていて、自分はそれに沿って生きるだけだったけど、今は構造がどんどんなくなって自己選択してかなきゃならん。大変だ」って話と、「なら未来では、誰かが自分に合った何かを決めてくれる社会にならないかな〜」って話を書いている……んだと思います。こんなにざっくり要約しちゃうと怒られそうですが。でもこの話を今読むと、おおGoogleとかAmazonのリコメンド機能ってだいぶ浅田彰のポストモダン設定に近いのでは、とかわくわくしちゃいますね。

で、ですよ！　私が言いたいのは、「とりあえず読んどく」ことの大切さ、ってもんですよ！

難しい古典とか学術書とか、「わ、わけ分からない〜」って思うときこそ、一度読んどくのがいいんじゃないかなあ、と私は思うんです。なぜならば、自分がむかしわけ分からんと思いつつ一度でも手にとった本って、もう一度読むのも、そこまで億劫じゃないから。だってほら、一度も手にしたことのない難しそーな本よりは、一度は手にした難しかった本のほうが、年齢を重ねてから「そういえば今なら読めるかな〜読んでみるか〜」って思えることないですか？　親近感が、ちがうよ！

でも難しそうな本を「とりあえず読もう」って思えるのって、たぶん人生ですごく短い期間だけなんですよ。要は、難しい本を読んで背伸びをするモチベーションがあるときしか読めない。

だったら、ひとめぼれくらいしてテンションが高いうちに、「もっといい人間になりたい！　ハッ浅田彰の一冊でも読んどかないと！　彼・彼女と対等になんかなれない！」って思えるんじゃないか……と……。思えない!?

まあ、ひとめぼれしたときじゃなくても、ぜひ一度『構造と力』は読んでみてほしいです。日本の思想史や人文系の本の年表をつくるとしたら、必ず入る本なので。基礎みたいなもんです。

分かりやすい本ばっかり読んでるよりは、分かりにくい本を読んで、難しいなーでもかっこいいなーと思える大人のほうが、魅力的だと思いませんか？

処方

頭を冷やそう。嘘です。ひとめぼれなんて楽しいことしてるときに本読む暇ありますか!?　それでも読みたい奇特なあなたには、「人生でテンションの高いうちに読んでほしい本」こと『構造と力』を読んでください。世の中にはガッツがあるうちに読んどいたほうがいい本があります。恋より楽しい学問がここに！

07

出張のおともに持って行く本

『バートン版　千夜一夜物語　第1巻』

（大場正史訳、ちくま文庫、二〇〇三年）

効く一言

「明晩、お聞かせできるはずの話にくらべると、今晩の話など問題ではありませんわ。ただ王さまさえわたしの命をお助けくださいますならね」

現実世界を忘れて、どっぷり浸りたい。そんなあなたに処方したい、『バートン版千夜一夜物語』。

アラビアンナイト、というとご存知の方も多いでしょうか？　シンドバッドの物語や、アリババの話、アラジンと魔法のランプの物語は、みんななんとなく知ってる物語たち。あれぜんぶ、実はササン朝ペルシャ、つまりアラビアのあたりで綴られた「千夜一夜物語」の一部なんですよ！

つまりは、日本で言えば「今昔物語集」とか、外国だと「イソップ物語」のような、さまざまな物語がひとつに集まったアラビアの物語集が「千夜一夜物語」。

実は、ちくま文庫から『バートン版　千夜一夜物語』が全巻出ているんです。

あ、ちなみに「バートン版」というのは、イギリスの探検家であり翻訳家であるリチャード・バートンというけったいな趣味の人（失礼）が、残存する物語たちを集め、翻訳した版のことを言います。注釈がめちゃくちゃ詳しいことが特徴なんだとか、あと収録されている物語が一番多いらしい。岩波文庫の『完訳　千一夜物語』はマルドリュス版だったりしますし、いろいろ読み比べてみるのも面白い、かもしれません。

さてこの「千夜一夜物語」。いったいどんなストーリーかというと、あなたがご存知であろう「アラジンと魔法のランプ」は、「千夜一夜物語」という大きな物語のなかで、シャーラザッドという女性が、ある夜、ペルシャの王様に語った物語のうちのひとつ……って設定になってるんですね。つまりシャーラザッドが千夜ぶん語った物語たちがまとまって「千夜一夜物語」なわけです。

えっシャーラザッドはいったいなんでそんなにお喋り好きやねん……と驚かれそうですが、その話から「千夜一夜物語」は始まります。

あるとき、ペルシャの王様と王妃様がいたのですが、王妃様が男の奴隷に寝取られて（！）しまいました。これを機に深刻な女性不信を抱えることになった王様は、毎晩、若い女性と寝ては、翌朝その女性の処刑を命ずることを繰り返すようになってしまいました。不倫のショックが癒えない王様の暴挙を誰も止められません。困った。しかも王様は処女の女の子じゃないとだめなんて言うもんですから、「これじゃあ国中の娘がいなくなってしまう！」と国全体がざわつきます。

案の定、国の娘たちが少なくなってきたとき、大臣の娘・シャーラザッドが「私が行きます」と宣言します。驚く周囲を前に、「私をシャーリヤル王と結婚させてくださいませ」と言ってきかないシャーラザッド。大臣であるところの父も止めますが、シャーラザッドは妹にだけ、自らの思惑を伝えます。

シャーラザッドと妹は、ふたりで王様の寝室へ。そして夜半になると、シャーラザッドは妹へ合図をします。すると王様の前で妹は言うのです、「ねえ、お姉さま、どうか楽しくて、面白い、これまでついぞ聞いたことのない、お話をしてください。お話をうかがっておれば、残った夜の、眠れぬ時間も早くたっていきますから」と。

王様の許可をもらい、シャーラザッドは、ある物語を話すのでした。

……そして夜がしらんできたころ、妹は「ほんとうに美しくて、楽しいお話ですこと！」と感想を伝えます。するとシャーラザッドは「明晩、お聞かせできるはずの話にくらべると、今晩の話など問題ではありませんわ。ただ王さまさえわたしの命をお助けくださいますならね」と述べました。

王様は、あまりにも物語が面白かったので、「アラーに誓って、後の話を聞いてしまうまでこの女を殺すまい」と言います。シャーラザッドは、毎晩その面白い話を続けるうちに、千夜が過ぎていきまして――。

（『バートン版　千夜一夜物語　第1巻』）

と、こんな感じのあらすじなわけですよ！

要は、シャーラザッドの話が面白すぎて、王様は殺せなくなる。そして彼女の語る物語に感化されて、自分の振る舞いすら変わってくる——と。

もう、この枠物語ですら面白いですよね。私、シャーラザッドの話が好きで好きで。私も話すと楽しいから殺せない女になりたいといつも思う。


出張のときって、そんなにがっつり長時間本が読めるわけでもないし、だけどちょっとした空き時間は意外とあったりするじゃないですか。そんなときに、「千夜一夜物語」みたいな、ふだんは非現実的すぎて読めないけれど、出張や旅行のときなら浸って読める！という本を読むと楽しいですよ。

あと意外と一冊にたくさんの物語が詰まっているので、簡単に読み終わらないし。一冊で長時間つぶせます。

「アラジン」の話しか知らないあなたも、これを機に、イスラム文化の扉、ひらいてみるのも楽しいかもです。異文化理解にも、なる！　全然日本の昔話とちがう！

処　方

現実（仕事）を忘れさせる、官能と不可思議に満ちたアラビアンナイトの世界！出張時、細切れに読んでも大丈夫。大人になってから読むとイスラム世界への理解も深まっておすすめです。荷物が重くなるかもしれませんが『アラビアンナイトを楽しむために』（阿刀田高、新潮文庫）も一緒にぜひ。

08

悔しいときに読む本

『走ることについて語るときに僕の語ること』

村上春樹

（文春文庫、二〇一〇年）

効く一言

腹が立ったらそのぶん自分にあたればいい。
悔しい思いをしたらそのぶん自分を磨けばいい。

「悔しさがなければ人間は成長しないよ！」なんて言う人がいる。

いや言いたいことは分かるよ。悔しさをバネにしようぜ、と。でも、ぶっちゃけ悔しい思いなんか、したくない。なんで私がこんな目にあわにゃならんのだ。なんで私はこんなふうに負けているのだ。

悔しさを感じると、ふっと自分が惨《みじ》めに思えたりする。悔しさは惨めさと紙一重。というかほぼ同じ感情だ。自分を惨めに思うときほどかなしい瞬間はない。誰だって自尊心を失いたくないし、自分の思い通りに物事は進んでいただきたい。

だけど、悔しいとき惨めにならない方法がひとつだけある。

それは、悔しいぶんだけ、がんばることだ。

……なんだかとっても月並みな意見だけれど。

誰かに故のない（と少なくとも僕には思える）非難を受けたとき、あるいは当然受け入れてもらえると期待していた誰かに受け入れてもらえなかったようなとき、僕はいつもより少しだけ長い距離を走ることにしている。いつもより長い距離を走ることによって、そのぶん自分を肉体的に消耗させる。そして自分が能力に限りのある、弱い人間だということをあらためて認識する。いちばん底の部分でフィジカルに認識する。そしていつもより長い距離を走ったぶん、結果的には自分の肉体を、ほんのわずかではあるけれど強化したことになる。腹が立ったらそのぶん自分にあたればいい。悔しい思いをしたらそのぶん自分を磨けばいい。そう考えて生きてきた。

(『走ることについて語るときに僕の語ること』)

『走ることについて語るときに僕の語ること』は、世界的作家である村上春樹が自分の趣味である「ランニング」について語った本だ。フル・マラソンやトライアスロン・レースを走り続けてきた小説家として、走ること、走り続けることについて綴る。

私のような運動神経ゼロ人間から見ると、「な、何をいったい好き好んで自ら外を走るのだ……」と怪訝《けげん》な顔をしてしまうのだけど、実は書くことと走ることは深く結びついている、と村上春樹は言う。

たとえば彼は、小説を書くことと走ることは似ている、と述べる。

小説家という職業に——少なくとも僕にとってはということだけれど——勝ち負けはない。発売部数や、文学賞や、批評の良し悪しは達成のひとつの目安になるかもしれないが、本質的な問題とは言えない。書いたものが自分の設定した基準に到達できているかいないかというのが何よりも大事になってくるし、それは簡単には言い訳のきかないことだ。他人に対しては何とでも適当に説明できるだろう。しかし自分自身の心をごまかすことはできない。そういう意味では小説を書くことは、フル・マラソンを走るのに似ている。基本的なことを言えば、創作者にとって、そのモチベーションは自らの中に静かに確実に存在するものであって、外部にかたちや基準を求めるべきではない。（同書）

たとえば結果として出る数字や他人からの評価に、小説や走ることのほんとうの意味はない。自分が設定した水準にそれが達しているかどうか——そのストイックな姿勢こそがモチベーションになり得ている、と言う。

一見、すごくストイックな生き方に見える。だけどよく考えてみると、私たちが生きることも同じなのだろう。

よく中学生くらいで「生きることに意味があるのか？」なんて考えたりするけれど、実は画然とした意味なんてものは存在しない。いや、たとえば社会的成功だったり褒めてもらえることだったり「外部からもらえる生きる意味らしきもの」は、たしかにある。だけど実際、私たちは勝手にこの世に産み落とされ、「はーい生きてくださいねー」と世界に投げ出され、そしてなんか知らないうちに自活してゆかなくてはいけないらしい、と知る。そうこうしてるうちに、受験勉強では偏差値を上げることを求められたり、会社に入ると数字を上げることを必要とされたりする。全部、知らんがな、と思いながら人生を続ける。

　どうやら私たち、生きてるだけではゆるされないらしい。そう中学生くらいで知る。まじかよ。なんでそんながんばって生きる意味なんかあるんだよ。中学生の思考の出来上がりである。


　じゃあ、自分で意味はつくってゆくしかないんだな、と私たちはどこかで決意する。私たちは、生きることのモチベーションを自分でつくるしかない。

　これまた「まじかよ」とおののいてしまう人生の現実である。生きる意味も理由も、他人は与えてなんてくれないのだ……。

　だからこそ私たちは、村上春樹の「他人に依ることのないモチベーションを自分のなかにたしかにもつ」姿に、静かな憧れを覚える。

　モチベーションを保つだけでない、人生のがんばりかたを同書で村上春樹は綴る。さすがはノーベル賞候補といわれる世界的大作家、ものすごくたしかで有効な「がんばりかた」である。まるでポートレートみたいだと思う。

たとえ絶対的な練習量は落としても、休みは二日続けないというのが、走り込み期間における基本的ルールだ。筋肉は覚えの良い使役動物に似ている。注意深く段階的に負荷をかけていけば、筋肉はそれに耐えられるように自然に適応していく。「これだけの仕事をやってもらわなくては困るんだよ」と実例を示しながら繰り返して説得すれば、相手も「ようがす」とその要求に合わせて徐々に力をつけていく。（中略）

しかし負荷が何日か続けてかからないでいると、「あれ、もうあそこまでがんばる必要はなくなったんだな。あーよかった」と自動的に筋肉は判断して、限界値を落としていく。筋肉だって生身の動物と同じで、できれば楽をして暮らしたいと思っているから、負荷が与えられなくなれば、安心して記憶を解除していく。

（同書）

みんな無理しないほうがいいとか、ちゃんと休んだほうがいいって言うけれど（そしてそれは本当にその通りだと思うけど)、同時に、悔しいときはちゃんとがんばったほうが、あとから後悔することが少ない。

悔しいときにがんばらなかったら、みじめな自分のままだし。自分が納得できるまで、がんばらなきゃ、なあ。

同書を読むたび、私は、そう思う。

日々走ることは僕にとっての生命線のようなもので、忙しいからといって手を抜いたり、やめたりするわけにはいかない。もし忙しいからというだけで走るのをやめたら、間違いなく一生走れなくなってしまう。走り続けるための理由はほんの少ししかないけれど、走るのをやめるための理由なら大型トラックいっぱいぶんはあるからだ。僕らにできるのは、その「ほんの少しの理由」をひとつひとつ大事に磨き続けることだけだ。暇をみつけては、せっせとくまなく磨き続けること。

(同書)

大変な人生を続ける理由なんて、たしかに、ほんのちょっとしかない。だけどその理由

をちょっとずつ磨き続けて、私たちは明日もベッドから出るのである。

処　方

世界的作家・村上春樹が、趣味の「マラソン」について語ったエッセイ、と見せかけて、「いかに調子の悪いときに努力をするか」について語った（実は）仕事論。「たんたんと自分のやるべきことをやろう」という気になります。悔しかったら自分にあたれ、以上の名言はこの世にありませんね……。

09

同棲するか悩んでいるときに読む本

『いくつもの週末』

江國香織（集英社文庫、二〇〇一年）

効く一言

少し距離のある関係の方が〝comfortable〟で素敵だ、というふうにしか考えられなかったのに、いいえ結婚をするのだ、わずらわしいことをひきうけるのだ、ともに現実に塗《まみ》れて戦うのだ、と無謀にも思えてしまったあの不思議な歪《ひずみ》を、私はいまでも美しいものだったと思っている。美しくてばかげていて幸福ななにかだった、と。

ほんとうのところ、私たちは愛されることに怯《おび》えているのかもしれない。……っていうのは、最近、友達の恋愛トークを聞いていても、流行《はや》りの恋愛漫画を読んでいても思うところである。

いや「男の子にモテるための服装！」とか「これで女の子がバンバン寄ってくる！」みたいな見出しはネットにも街の広告にも溢れてるやんけ、とツッコまれそうだけど。でもそれって愛されたいわけじゃないと思うわけです。モテる、と愛される、はちょっとちがってて、モテるっていうのは相手の心を一時的にもらうってことで、愛されるっていうのは相手の心をぜんぶ継続的にもらうってことだ。時間軸も重さも全然ちがう。

もちろん一回告白されたら生涯ずっと好きだと思われてる、という幸福な勘違いもあるけれど、でもそれだって「私のぜんぶをあげるよ！」とニコニコ微笑まれたら、「えっムリいらないですよ」と後ずさりしそうである。

愛されてしまえば、自分が相手を欲していないときも相手は自分のことを欲しているわけで、ていうか自分のぜんぶを簡単に相手は自分にくれちゃうわけで、そんな状況が来るかもしれないことに私たちは怯えているのではないか。だってそんなの、重いし、怖い。誰かの所有欲や独占欲の対象になるなんて、涼しい顔して仕事して勉強して日常生活を送る現代っ子にとっては、手を抜きまくってきた人生の重みを見せられるようで、「自分にそんなことあっていいはずがない」と怯えるだろう。

だったら自分から一方的に愛するほうが、ずっと楽だ。その愛はあげるだけであって、自分には返ってこない。その愛に値する自分であるかどうか、気にする必要なんてない。


と、いうことをぼんやり考えていたとき、江國香織さんのエッセイ『いくつもの週末』を読んで、度肝を抜かれた。

同書は江國さんが綴る「夫婦」についてのエッセイ集というか、夫と過ごす日々について書いたものなんだけど、それはもう、あまりにも誰かを愛する愛されることに手を抜かなすぎて、びっくりする。


愛情というのはある種の病気だなと思う。それがあるためになにもかも厄介になる。

だから、このあいだ知っている編集者に、

「なんだかんだ言っても旦那《だんな》さんを愛してるんですよねえ」

と言われたときには憂鬱《ゆううつ》になった。そうなのだ。そのとおり。愛してさえいな

――けれど、すぐ離婚するのに。

（『いくつもの週末』）

愛情をかける、ということの美しさを、たまに私たちは誤解する。愛情は究極、もらうかあげるかの一方通行同士でしかない。暴力みたいなもんだ。ガツン！　痛みになるか快楽になるかはその程度次第なのであって。もちろん夫婦だけじゃなく、人間関係すべてにおける愛に当てはまることだけど。

だから江國さんは言う。愛は憂鬱なのだ、と。愛してるから離れられなくて、憂鬱だ、と。

そんな『いくつもの週末』には、一緒に住んで生活をともにするからこそ抱く淋しさや苦しさが遺憾なく描かれていて、まだ家族以外の人と一緒に住んだことのない私を震撼させる。

男の人はなんで靴下を脱ぎっぱなしにしておいとくんだとか、結婚前はよくしていた散歩を一緒にしなくなったとか、雨を見ようって誘ってもほっておかれるとか、ほんとは妻じゃなくて「よその女」になりたい、だとか。

江國さんを通して見る夫であるその男の人は……びっくりするくらい、あまりにも普通の男の人だ。どこにでもいる、凡庸な旦那さんなのだ（なんていうと怒られるかもしれないけれど）。

しかし江國さんはそんな男の人を、めいっぱい、ひとりの男の人として愛する。一読者としては、この人は江國さんにこんなに愛されていることを分かっているのだろうか――と心配してしまうくらいに。

愛する人と一緒に住むことって、こんなふうに、魅力ある素敵な他人を、どこにでもいる凡庸な誰かに変えてしまう行為なのだろうか。

『いくつもの週末』を読むとそう思って、怖くなる。

どこにでもある、ありふれたひとつのエピソードに、ふたりを落とし込む行為なのだろうか。

うーん。

そりゃそうに決まってるやん、と笑うたくさんの知人の顔が、見えてしまう。

少し距離のある関係の方が"comfortable"で素敵だ、というふうにしか考えられなかったのに、いいえ結婚をするのだ、わずらわしいことをひきうけるのだ、

ともに現実に塗《まみ》れて戦うのだ、と無謀にも思えてしまったあの不思議な歪《ひずみ》を、私はいまでも美しいものだったと思っている。美しくてばかげていて幸福ななにかだった、と。

（同書）

愛されることは、いつだって怖い。近づくことは、もっと怖い。だってそれは確実にcomfortable の空間を壊す。

もちろん今っぽく「結婚相手なんて同居人でしかない」とか「合理的に話し合って」とか、そういう思想は大切なんだろうけれど、しかし一緒に暮らすとか結婚するとかそういう契約は、ほんとうにその理性的なラインを飛び越えずにいられるのか？　と考えると、私はけっこう疑問を覚える。

だってみんな、もっともっと愛されたいとか愛したいとか、すごく欲してるのに。欲しているからこそ、ほんとうにそれが叶ったとき、あるいは叶わなかったときが、怖くてしょうがないのに。

あなたが同棲するか迷うのは、きっと正しいことだと思う。ためらってやめるのは、もっと正しい気がする。

そのうえで、正しくないほうを選ぶことは、江國さんふうに言うと、めちゃくちゃ「美しくてばかげていて幸福」なことだなぁ、と私は思います、よ。

処方

結婚なんて絶対しないと周囲に思われていた作家が語る「夫婦の日常について」のエッセイ。隠れて不倫はしていいけど、隠れて女の子にチョコレートだけは贈っちゃいけないんですよ。

10

面白くない映画を観たあとに読む本

『華氏451度〔新訳版〕』
レイ・ブラッドベリ
（伊藤典夫訳、ハヤカワ文庫SF、二〇一四年）

効く一言

知識は力と同等以上のものだ！

面白くない本や映画に殺意を覚えて幾数年、ほんと面白くないものって罪だと思いませんか⁉

いや〜〜〜〜むりっ。もう、ほんと、ばかやろう時間を返せ、と盛大に怒る。

私はあんまり人に怒らないんですが、面白くない作品には怒りますね……。とくに映画館で観た映画がつまらなかったときの「おいおい」感ね⁉　なんか席を立つ気にもならないがこの映画はこのまま終わるのかっいやそんなことはないよなあれなんか終わりそう、このまま終わるんか〜〜〜〜い！　あかんやろあれ。犯罪やわ。

そして映画館から出て帰るときの、もやもや心がふさぐ感覚ったら。こ、この面白くなさを誰かに語りたい……。でも誰もいない……。もやもやもや……。

しかし私たちは面白くない映画を観たあとも、その映画のある世界で生きなくてはなりません。大げさではなく。

そんなときに、特効薬になるのが『華氏451度』という小説なのです。

『華氏451度』はめっちゃ面白い小説なので、こうして「面白くない映画を観たあとに！」とおすすめしてるわけですが。

舞台は国家が読書を禁じ、見つけた本は焼かれる未来社会。家庭の壁はすべて大型テレビになり、耳のなかに入れられる小型ラジオ〈海の貝〉からつねに音楽が流される世界。――なんだか現代のテレビやスマホやiPodを予言してるみたいで驚くけれど。

主人公は本を焼くことを仕事にしているモンターグ。しかしある少女と出会うことで、彼がいままで信じていた「本のない世界」は崩れてゆく……。

読書が禁じられる世界。イヤですねー。

しかしちょっと考えてみると、焚書《ふんしょ》は歴史上繰り返されてきたことだし、言論統制は日本だってすぐそこにあったし、今だって規制されてるんだかされてないんだかという時代です。『華氏451度』の世界は完全なディストピアであってほしいけれど、実際のところ意外にも私たちのすぐ近くに存在する。

なぜ『華氏451度』の世界で、国家は映像もラジオも許すのに「本」は禁止するのか?

――それはほかならない「言葉」こそが私たちの思考をつくっているのだと、知っているから。

私たちは他人の発する言葉を読んで覚え、それを使って自分の言葉を発します。オリジナルの文章や発言なんてほんとはなくて、誰かのコピーの集積でしかない。誰をコピーしたがるのかは人によるでしょうが、自分の触れている言葉が自分の思考をつくることに間違いはないでしょう。

SNSなんか見ていたら分かることですが、私たちにとっては、自分の触れた言葉がそのまま、自分の思想であり、自分の世界なんでしょう。

自分の触れる言葉が変われば、自分も変わってゆく。

——だとすると。大衆をコントロールしようとするときは、大衆が「触れる言葉」をコントロールするのが一番効き目がありますよね。言葉を制限されたときに自由な思考なんてありえない。だからこそ言葉は一番最初にコントロールされる箇所なんでしょう。

余談ですが、いま私がえらくて悪い人（なんちゅー頭の悪そうな表現）になったら、まずはSNSの言葉をどうにか統制していい方向にもっていきたいと思うでしょう……。もちろんそこを統制できないのがSNS！　と言われるかもですが、こんだけみんながSNSを見てる時代だったらまずはそこを締めんと。

しかし同時に、だからこそ新しい言葉を覚え、新しい思考をとりいれるのは、まぎれもない快楽である。『華氏451度』の作者であるブラッドベリはそのことをよく分かっているんですよね。ほかならない主人公のモンターグは、その快楽に溺れてゆく。

さて、本を失った時代に、それでも言葉を手放すまいと願った人々がとった行動とは？

ぜひ読んでみてほしいです。

で、まぁこんなことを考えると、ですね。

「面白くない本や映画はほろびろ！」と考えることのあやうさよ、って話ですよ。

もちろん面白くない本や映画に費やした時間やお金のことを考えると、腹立つんですけど。でも一方で、私にとって面白くないものを「じゃあ上映すんなよー！」と言うのは、誰かにとっての面白いものを奪おうとする発言なわけです。

面白いとか面白くない、ってのは受け手がそれぞれ下すべき判断であって、その判断を下す機会を誰も奪うべきではない。

これが面白い面白くないの話だったらまだいいんですが、「なんか見てて不快だなー私の目に入れないでほしいなー」とか「えーこの言葉あんまりよくないと思うから、消したほうがいいよ！　この言葉がなくったって意味とおるじゃん」とか思うようになると、いつのまにか『華氏451度』の世界へ近づいてゆく。

現実はディストピア小説みたいに分かりやすくなくて、まっとうな正義感から、誰かの自由を奪うことになるかもしれない。

「表現の自由」なんて社会の授業で習いましたが、私たちの思考を規定する言葉を、誰も奪う権利はない、って話なんだと思います。

面白くない映画は観たあとに面白くないって叫ぶに限る。だからこそ私は、面白くないものに怒りつつも、それを許容しようとする自分でありたい。……とか考えると、面白くない映画も許せませんか？　大げさかしら。

処　方

面白くない本を読んだあとと面白くない映画を観たあとほどの地獄はありませんよね……が、そういうときこそディストピア文学を読みましょう。「本が燃やされる」世界で生きるくらいなら、面白くない映画のひとつやふたつ許してやるか、と思いませんか？

未然に防ぐ、

予防編

これ大事！

11〜21

11 仕事に行きたくないときに読む本

『荒涼館』

チャールズ・ディケンズ

（1〜4、佐々木徹訳、岩波文庫、二〇一七年）

効く一言

「あなたはいそがしくよくはたらくし、きれいずきで、ほんとにとくべつな境遇にいらっしゃる。だから、理にかなってますの」

「もうなんか、明日仕事行きたくないなぁ」って日、ありますよね。

どろどろ〜っとした感情の渦がお腹の奥のほうで溜まってて、ああもうぜんぶ嫌だな、と思いつつ、リフレッシュするほどの元気も出ない日。かといって飲みに行ったら明日に差し障りが出るのも分かってるし、人と会ってさらに元気が削られるのも分かってる。甘いものや炭水化物を食べるのも太るし……って思うのは私だけ？

そんなことを思っても、やっぱり明日はやってくるのが世の常。たまには休んでも大丈夫……って言われたところで休めないときもある。いやほんとに。そんな簡単に休んでいいとか言わないでほしい。

そんな日は、甘いものを食べたり、お酒を飲んだりして、元気を出すのもいいんですが。私のおすすめは『荒涼館』を読むことです。

『荒涼館』とは、ディケンズの長編小説。どれくらい長編かといえば、岩波文庫で全四巻あるんですからたいしたものです。長い。

最初は「げ、長い。読み切れるかな」と岩波文庫を見つめて呆然と佇《たたず》むんですよ。こんなに長い小説、仕事も忙しいのに、いけるかなあ……と。

でも読んでみると、「ああこの長さがいいんだな」って分かってくる。

「この優柔不断のどこまでが、彼が生まれたときから関わりをもつはめになった、あの理解しがたい、気まぐれと先のばしの総本山のせいなのか、わたしにはわからない」ジャーンダイスさまはわたしにおっしゃいました。「しかし、（ほかにもいろいろと罪つくりな）大法官訴訟に責任の一端があるのはあきらかだ。あのおかげで、決断を先おくりにするくせや、どれだけの可能性があるのかわからないまま、あれやこれや、あらゆるチャンスをたよりにして、すべてを未解決で、不安定で、混乱した状態にほっておくというくせが、彼のなかにそだって、根づいてしまったのだ。リチャードよりもうんと年長で堅実な人間だって、まわりの状況によって左右される。ましてや、彼のような若者のばあい、性格がかたちづくられる過程でそんな影響にふりまわされないほうがふしぎだろう」（『荒涼館』、１巻）

ね、総じて一文が長いでしょ。たぶんこの文章を読んだだけだと「え、こんなに長い文章読めるかなあ」って思う。けど、この長さがクセになってくる小説なのです。

『荒涼館』は、ヴィクトリア朝のイギリスが舞台。

「何の話？」と聞かれれば少し困る。だってこの小説、ミステリ要素も出てくるけど、恋愛小説でもあり、ビルドゥングス・ロマンでもあるんですよ。とある裁判から始まって、美少女の出生の秘密、ロマンチックな恋愛物語、慈善活動から見えてくる社会問題等が描かれた一大長編小説。

でも長いのに面白くて読み進めてしまうのは、この小説が、たとえば私たちの生きている風景そのままを切り取った物語だ……と思えるから。

というのも、私たちだって、生きていれば、日中は仕事のことを考えるけど、家に帰れば家族がいたり好きなドラマが待ってたりする。大好きなアイドルやキャラクターや歌手のことを考えるのが一番大切なときもあれば、子どもや彼氏や飼ってる犬のことが一番頭を占めるときもある。ミステリかよって突っ込みたくなるような騒動に巻き込まれる日もあれば、純文学かよって苦笑したくなるような悩みを抱える日もありますよね。

つまり、日常は、時と場合によってさまざまな側面を見せてくる。

悲しいかな、いま一番大切にしてるものも、時間が経てば変わっていくもんだなぁと思います。いや、それは悲しいことじゃなくて、受け入れるべき嬉しいことなのかもしれないけれど。

だけどふつうの小説や映画や漫画は、日常のなかの恋愛とか冒険とか死とか、「ある側面だけ」を取り上げます。人生のハイライト、つまりはキャラクターの一番面白い場面を見せるために。

たとえば映画「タイタニック」の主人公ふたりだって、初恋の日があってパスタつくる日があって家族とけんかする日があっただろうけど、しかし物語ではタイタニック号に乗ったときからしか切り取られない！　いや当たり前なんですが！

でも日常ってほんとはもっと長いですよね。気が遠くなるくらい、意外と長い。

シンデレラは王子様にガラスの靴を見つけてもらってハッピーエンドかと聞かれたら、その後、お城の相続問題とか姑さんとの同居とか王子との金銭感覚の差とかしんどかったはず……。たぶん。

でも！　ディケンズは、人生のいろんな側面を、できるだけたくさん見せてくれようとしてるんです。イギリスの、あの時代にいた人々の日常を、できるだけ私たちにたくさん届けてくれる。

街にはいろんな人がいて、いろんな瞬間があって、そのどれもが生活に、人生に必要な場面なんだ、と教えてくれる。

だから『荒涼館』という物語のジャンルは決め難いし（それは私たちの人生がひとつのジャンルに絞られないのと一緒で）、登場人物はたくさん出てくるんですよ。裁判も相続も成長も恋愛も出生も社会も政治も、みんなまとめて人生だ、と伝えてくれるように。仕事だけが人生じゃないのと同じように、いろんな側面があって、人生なんだ、と。

それに、そこまで日常をちゃんと描くディケンズは、それでいて一貫して「まっとうに生きる」ことを書いてくれているんです。仕事だけじゃなく、生活のすべてで「まっとうに生きる」ことを述べている。

だから、『荒涼館』という長い小説を面白い展開に沿って読み進めていくと、思うんですよね。「ま、まじめにまっとうに生きよう……」と。

まじめにまっとうに生きる、ってなんだかあほみたいな感想なんですけども。

ディケンズという作家は、どうしてこんなに人間の性格について詳しいのに、「まじめに生きよう」という姿勢を崩さなかったんだろう？　と思うときがあります。

いやだって、まじめに生きる、って難しくないですか？　なんだかんだ計算することはけっこう必要だし、頭を使って生きてるとどうしても「うまくやる」ほうに私たちは傾いてしまいます。ていうか、どれだけうまくやれるか、を競い合ってる気分になる。いやほんとよくないと思うんですけど。でも、うまくやれないと生き残れないし。

けど、ディケンズを読むと、「とはいえ、もっとまっとうに生きて、いい人間になりたいよなー……」と思うわけですよ。

「わたしがいつもあなたのことをどうおもっているか、あなたの運勢がどうなるか、いってあげましょうか？」

「予言の才能がおありと信じておいでなら」

「ええ、いいこと、あなたはとてもお金もちでりっぱな、うんと年うえの――そう、二十五歳くらい年うえの――男のひととむすばれるのよ。そしてすばらしいおくさんになって、とても愛されて、とてもしあわせになるの」

「それは幸運ですこと。でも、どうしてわたしがそんないいめぐりあわせに？」

「そりゃ、あなた、理にかなうってことがあるでしょう。あなたはいそがしくよくはたらくし、きれいずきで、ほんとにとくべつな境遇にいらっしゃる。だから、理にかなってますの。きっとそうなりますとも。ねえ、あなたのそんな結婚をわたし、だれよりも、心から祝福いたしますわ」

（同書、2巻）

いい結婚をすることの根拠が「よくはたらく」とか「きれいずき」なとこがディケンズ

だなぁ、と思う場面です。

だってほら、いそがしくよく働く、とか、きれい好き、とか、そういうことが美徳とされる……って意外と少ないことですよね。働きすぎると疲れるし、ちょっとくらい手を抜くのが楽だし。でも私は、ディケンズを読むと、なんかまじめに生きられるといいなあ、と思うんです。

ちゃんと働いて、きちんと生きて、いい人生にできるといいなあ、と。

疲れているときこそ、ディケンズが沁《し》みるのは、そんな理由があるからかもしれないです。まじめにやってるといいことあるよ、って言われてる気がする。

仕事だけが人生じゃないけど、でも、まじめにやろう、って思える。

お仕事に疲れたら、少し休んで、『荒涼館』でもちらちら読んでみてください。癒されるとか励まされるというよりももっと、ああがんばろう、って思えますから。

そしてゆっくり寝てくださいね。お互いがんばりましょう。

処方

ディケンズを読むと「まっとうにまじめに生きよう……」という気がなぜか起きます。試してください。『荒涼館』は岩波文庫全四巻とけっこう長くお値段が高い（しかもなかなか読み終わらない）ので、「稼いで買おう」と勤労意欲が湧くところもポイントです。鞄にしのばせておくと、仕事でいやなことがあったときも「でも私には『荒涼館』があるし！」と思えます。たぶんね。

12

おじさん・おばさんになりたくないときに読む本

『坂の上の雲』
司馬遼太郎
（1～8、文春文庫、一九九九年）

効く一言

のぼってゆく坂の上の青い天にもし一朶《いちだ》の白い雲がかがやいているとすれば、それのみをみつめて坂をのぼってゆくであろう。

おじさん、おばさんになりたくない。

って思ってるあなたは、おいくつだろうか。

ちなみに私は現在二五歳、小娘である。すみません。今から展開する持論は、おばさんにまだなっていないけれど、自分がいつかおばさんになったときに『坂の上の雲』は沁みるだろうな……と思って書く話。だから実際に自分が歳を重ねてどう感じるのかはまだ分からないし、「ふん、小娘がテキトーなこと言いやがって」と呆れられそうなんだけど。まあそのときは、ぱたんと本を閉じて、あたたかい牛乳でも飲んでください。読者さんは本を閉じる権利と自由がありますからね！


と、前置きを述べたところで。

私が考えるに、「おじさん・おばさん」化することが悪いことなのではない……と思うんですよ。

いやそりゃたとえば自分が歳をとって、ちょっと昔よりも髪が多く抜けたり、シミが増えたり食べてないのにお腹周りに「ぽわん」とした何かが増えてきたりしたら誰だって切ない気持ちにはなる。いや私も二五歳の誕生日を過ぎたあたりから、「えっなんか肌がちがう」と思いましたわ。これが歳をとるということか。ていうか、もうさすがに「自分って一生若い」とは思えなくなってきた。歳を重ねることで味わう、自分の「よくなっていかなさ」は、どこか切なさと同居している、と感じる。

が、しかし話はそこからだ。昔よりも増えた歳下のあなたの周りの人——というのは家族も部下も上司も電車ですれちがっただけの人も含むわけだけど——に対して、歳をとったあなたが「おじさん・おばさん的迷惑」をかけるかどうかは、まったくもって別の話なのだ。分かりますか⁉

ちょっと一般名称がなかったので、勝手に「おじさん・おばさん的迷惑」という言葉を使ってしまったけれど。もちろん反対に「若者的迷惑」も存在する。

若者であるがゆえにかける迷惑は、わかりやすい。無知ゆえに「常識的に考えておかしいやろその行動！」と冷や汗をかかせる行為を堂々としていたり、先のことが見えていないがゆえに目先のイメージだけで物事を選択したりして、結果的に人に迷惑をかけている。ほんと何も知らない若者って、見てるとイラっとすることだろう。人の気持ちなんて何も考えず、自分のことしか目に入ってないし。

でも、逆に「おじさん・おばさん的迷惑」もまた、この世にはある。若者がかける迷惑もあれば、おじさん・おばさんがかける迷惑もあるのが世の中だ。

しかし問題なのが、「おじさん・おばさん的迷惑」は、「年齢」に左右されるものではないところ。

というのも。私は、大学生のときに「迷惑なおじさん・おばさんという存在は、年齢じゃなくて、場所によってつくられるモノなのか！」という鮮烈な気づきを得たんである（なかなか『坂の上の雲』の話になりませんが、ちょっと待っててください！）。

大学のサークル活動をしていたとき、ソレは「老害」と呼ばれていた。

「老害」とは若者のスラングから生まれた言葉である。サークル（おもに大学一、二回生が中心にいるもの）のなかで、たまにやって来る大学三、四回生の先輩が、たとえばサークルの今の雰囲気を分かってないだとか人間関係をかき乱すだとか自分が尊敬されていないことに拗《す》ねるだとか。下級生から見て「迷惑」な先輩の行為を「老害」と呼んでいた。

ひどい言葉が流行るもんだと思いませんか。ローガイ。もうなんか言葉の響きからして、ガラの悪い、下品な言葉である。ううむ、こうして文字に起こすとさらにキッツい言葉だなーと思う。

でもこの「ローガイ」って言葉を、大学ではみんな使っていた。便利だからだ。

なぜ便利かというと、「ローガイ」と呼ぶほかない迷惑がそこに存在していたから。

ローガイという言葉は、時に相手にも自分にも使う。

あの先輩のローガイっぷりがやばい、とか、いやー自分もローガイになってないかなーと最近思うよ〜、とか、最近同期が完全にローガイになっててやや わ、きゃはは〜。

ローガイという言葉を使う私たちは、相手あるいは自分が、「先輩だからこそ」かける迷惑がある、ということを知っていた。

正直、大学生の年齢なんて一回生も四回生もほとんど変わらない。浪人してたら実は先輩のほうが歳下だったなんてこともあるし、一歳差やそこらで「老いる」なんてありえない。

しかしそこにまぎれもないローガイ、としか言えない風を吹かせるのは、大学のサークルという密閉空間のなかで先輩・後輩という権力の差が存在したからだ。

私たちは、自分の持つ権力を、自覚しようとしない傾向にある。これが私の大学四年間で「ローガイ」語彙《ごい》観察によって発見した事実である。

というか、むしろ自分を「権力なんて持ってない側」に見出したいのが人間の習性らしい。

もちろん私もそうなんだけど、こんなに毎日頭を下げたりすみませんって言ったりしてる私のどこに権力が⁉　と思ってしまう。たとえばお母さんが、子どもだって言うこと聞かないし私に権力なんてない、と言ったり、サラリーマンが、ぜんぜん部下からも上司からも期待されてない自分に権力なんて、と否定したくなるのは分かる。
でも、かなしいかな歳をとればとるほど、私たちは権力を持つ。否応なしに。

大学のサークルで、先輩が来たらいちおう「わー先輩就職決まったんですか！　すごい！」と言われるのは、そこに権力の差が存在してるからだ。就職活動をがんばったのはすごいけど、それを口に出しておだてられるのは、先輩がえらいからじゃない、先輩が権力を持つ側、だからである。だってたとえば同じ学年の友達が就職決まったら「すごい」よりも先に「おめでとう」でしょ。
まあ、そんなふうに、私たちは生きていれば自覚なしに立場の上下をつくりだし、自覚なしに上のほうに立ってしまうのである。
そう、あなたは若い人よりも、上にいてしまうのだ。否が応でも。

ここで最初の話に戻ってくる（長かったですね）。おじさん、おばさんになりたくない。そう願望を持つのはしょうがないけれど、しかしその願望以前にもうあなたは「えらい」

のである。

己のもつ権力を自覚してほしい。そしてその権力を、ちゃんと若い人とか未来とか仕事の配分とか、きちんと使える場所で使ってほしい。

……ということを、全八巻かけて、とうとうと話しているのが『坂の上の雲』という小説である。


はい唐突に司馬先生の話に戻ったので驚かれるかもしれませんが。でもほんとなのだ。たとえば同じ司馬遼太郎作品である『燃えよ剣』。こちらは新選組、いうなれば組織としても、構成員たちの年齢からしても、「若い」題材を取り扱う。

もちろん主人公の土方歳三は、「鬼の副長」なんて呼ばれてることもあって、権力をばきばきに持っている。が、しかし若い。それは彼の年齢もあるけれど、それよりももっと、新選組が会津藩主・松平容保《かたもり》という「権力」の下に仕えていた組織だったからだ。要は新選組は社会的にそこまでえらくはなく、もっとえらい人がたくさんいたってことですね。

しかし『坂の上の雲』はちがう。日露戦争を迎える日本において、日本陸海軍という、その時期もっともえらくなった組織のことを描いている。

そう、『坂の上の雲』は、愛媛の片隅でただの「若者」だった男の子たちが、日本軍で権力を持つ「おじさん」になっていった過程を描いている物語、なのだ。

でも世に言う「おじさん」のイメージと、『坂の上の雲』の「おじさん」たちのイメージは、まったく相反する。おじさん、というとなんだかマイナスイメージみたいだけど（だって「おじさん・おばさんになりたくないときに読む本」が今回のテーマだし）。『坂の上の雲』のおじさんたちは、ものすごくかっこいい。

それは結局、自分たちの権力を、できること、やれることを自覚して、そのうえで国とか勝利とか未来とか——くさい言葉でいうと「志」みたいなもの——に使っているからだ。

彼らは自分のことを権力のない人だとは思わない。むしろ権力があるからこそ、えらくなっているからこそ、できることがあるのを知っている。

『坂の上の雲』に感動したら、その、自分の持っている、持ってしまっている力とか「えらさ」みたいなものを、どう使うか、ということを考えてみたくなる。私は、考えたくなった。

大学のサークルの先輩だって、自分はローガイじゃないかな～と苦笑しつつ、それでも後輩に高いハーゲンダッツのアイスを差し入れしたり、就職の相談にのったりする人は喜ばれるわけだしさ（お金使えばいいってわけじゃないけど）。

若い人と自分の間には「立場の差」があり、その差を通して若い人は接してるんだ、って理解するとか、そのうえで若い人にちゃんと自分の立場でできることを還元するとか、そういうことって、大切だなぁ……と思うのだ。私は。というか、そんな大人でありたいな、と思う。『坂の上の雲』を読むと。

よきおじさん・おばさんになりたいもんである。ほんとにね。

処方

司馬遼太郎を読んでいて、『燃えよ剣』よりも『坂の上の雲』に感動するようになったとき、あなたはもうおじさん（おばさん）です。諦めて受け入れましょう。おじさん・おばさんにしかできない仕事がこの世にはあります。

13

初めてのデートに備えて読む本

『恋愛論　完全版』

橋本治（文庫ぎんが堂、二〇一四年）

効く一言

人間であることを切り離されちゃった天使は人間に憧れるし、不自由である人間は、人間であることを超えてる天使に憧れるの。男と女の基本的関係はこれなの。だから、うまく行かないの。お互いがお互いのこと知らないんだから。

うーん。もし自分に娘や息子がいて、デート前日にそわそわしていたら、何の本をすすめるべきであろーか。

そんな妄想を繰り広げてみれば、やっぱり思いつくのはあの本しかないんじゃないですかね。

「ねーおかーさん、ちょっと気になる子に誘われちゃったんだけどさ、行くべきかなあ？　ってもう行くって返事しちゃったんだけど、でもなんか行きたくなくなっちゃったんだよねぇ……めんどくさくなっちゃった……」とかぶつくさ述べ始めたときに（以下、三宅家劇場台詞）。

「ま、暇なら行っとけば？　のちのちの飲み会のネタになるかもよ」「私はお母さんみたいに恋愛の話を飲み会のネタになんかしないもん」「ああもうめんどくさいことを言う子ね、そんなあなたはこれを読んどきなさい！」と手渡す本を考えたわけですよ。

で、やっぱりそこは、亡き大作家・橋本治さんの『恋愛論』が適切ではないでしょうか。

……と、自信満々に差し出す私をよそに、きっと子どもは「ええ〜れんあいろんん〜？　タイトルがベタすぎ。てかなんでこんな本持ってるの？　なに、お母さんこんな恋愛テクみたいなの若い頃興味あったの、そんなにモテなかったの?」とか白い目を向けてくるのでしょう。しかし私は気にせず「きみはまったくこの本の価値を分かっていない、いいから黙って読め」と押しつけるわけですね。

すると。翌朝にはきっと彼は「お母さん、この世の真理すべてがこの本に詰まってたよ……徹夜で読んじゃったよ!」とか目をキラキラさせて感謝することでしょう。

ってこんなうまくいかないよなー! とここまで書いて思いました。だって橋本治さんの『恋愛論』という大傑作は。

「一読しただけじゃすべて腑に落ちず、経験を重ねるごとにこの本の重みが分かってくるようになる」ってところが凄いんだもん……。

たぶん、初デートをするような年齢じゃ、分かんねーよなー……と。

だって私はこの本を最初に、たしか高校生くらいのとき、読んだけど、よく分かってなかったんですもん。体験談です。

さあきっとここらで『恋愛論』に興味を持っていただいたであろうところで、さっそく中身を覗《のぞ》いてみますかね。

「女には緊張感が獲得出来る筈がない！」っていう蔑視と、「女に緊張感獲得されちゃったら俺達どうすんだよ？　俺達の社会が壊れちゃう」っていう、男の甘えと不安感が、「女のクセに！」っていう締め出しを作ってたのね。

それがやだからって、真面目な女の人は緊張感を獲得するのね。緊張感を獲得しても、どっか、回りの人からは喜ばれてない。他人から認められても、なんかスキマ風が吹いてる気がするっていうのは、もう分かるでしょ？

（『恋愛論』）


ここから、女の人はいかにすれば恋愛できるのか（というか、ちゃんと男の人のことを愛せるのか）という話になってくわけです。この引用だけでも、「緊張感」が何のことを指しているのか。分かりづらいですよね。

この引用の文脈を説明すると、橋本治という人は、男の人のことを好きになって、その結果、いろんなものを見た……って言ったところでの話なんです。自分は男のことも女のこともちゃんと考えたんだよ、って。だから分かるけど、男と女ってこうなんだよ、って。

まるで手品の種明かしをするかのように、彼は「実は恋愛ってほんとうはこうなってるんだよ」とひらりと説明をする。ほんとは恋愛と社会が分かれていてほしいこと。だけどもうそんな時代には戻れないこと。恋愛と社会というものに引き裂かれているのは、男性も女性も同じであること。ただしその引き裂かれ方は男性と女性でぜんぜん違うこと。そして私たちは、どこへ向かえばいいのか、分からないこと。

……って、こういうふうに書くと、「ふうん、なんか知らんけど橋本治っていうえらそーな作家が、恋愛についてえらそーに講釈たれてる本ってことー？」と怪訝な顔をされそうですが。ちがうんですよ。

私が『恋愛論』を傑作だと思う理由のひとつは、橋本治自身も、この本を書くなかで（というかこの本は講演録なので、話すなかで、ですね）自分の過去や生い立ちについて、ある事実を発見していること。ある事実とは何か、ぜひ読んでみてほしいです。

彼は恋愛についての一般的な話をしていたのに、最終的に自分の個人的な恋愛の発見をして、終わるんです。

その話の切実さや美しさに、読者は泣いちゃうんですけども。

しっかし。最初の話に戻ると、初デートのときって、ううん今もか、あまりにも男女お互いそれぞれのことを知らなすぎたなぁって思いますよね。思いませんか？

私は「初デートしてた時代なんて、ほんっとに男の子のことなんも知らなかったなー」

と思う。まあ今もよく知らないですけど。

だけど裏を返せば、男の子のことなんか分からなくても生きてけるんですよね。ちがう生物だもん、分からなくて当たり前だよ、って言えばいい。分からないのは私が悪いんじゃないし、人は分かり合えない生きものだしさ、って嘯《うそぶ》いても誰も怒らない。

でも、そこを橋本治は、逃げないんですよ。なに分からないふりして逃げてんだ、って怒る。俺は女の人のことをちゃんと考えてるんだから、と。

普通女の人って、そういう迫られ方してんだよね。「僕はなんでもないけど、君は女なんだから、やらせろよ」なの。俺、女じゃないしね。「ああ、女って、根源的には、これで頭に来てんだ」ってことが、その時初めて分かったの。「ねェ、男を好きになっても異常じゃないよねェ?」って、僕も好きで、向こうも僕を好きな男に言われた時。俺ってすごいね。女のこと分かる為にそこまで行っちゃうんだもんね。普通の男にそれを分かれったって絶対無理だよって、実はそういうことよ。誰がそんなになるもんかって、いうの。(同書)

私、この引用部分を読んで、思わず苦笑しちゃったんですよ。だって、男の子についてうすうす「そうなんだろうけど、認めたくないなあ」って感じてたことが、「やっぱりそうだった」ことが分かったから。

そりゃ頭来るよねェ、「私が女であることはともかくとして、そういう御大層な口のきき方をするあんたってのは一体なんなのよ！」って、男が罵られるのはしょうがないよ。そんな風になってるなんて、誰も知らないもん。男は、自分が天使になってるって、そのことさえも知らないもん。天使は、人間との付き合い方なんて知らないもん。（同書）

人と人とは分かり合えない。だってみんなちがうもん。……という言葉で逃げられる範囲なんて意外と少なくて、私たちは、もっと他人と付き合う方法を、知るべきなのかもしれない。橋本治の話を聞いてると、いつもそう思うんです。

ジェンダーレスが唱えられ、草食系男子なんて言葉も遠くなった今。男女の差というのは結局社会的に構築されたもので、そこに差異を見出すのはおかしい……って言われる。

私も生物学的な差異と社会的な差異がどう関わり合っているのか、興味はあるけど分からない。「男らしさ」「女らしさ」という語彙がこんなにも人を縛っていたのか、と驚くときがよくある。

だけどそれでも、やっぱり、男と女はちがうよなあ。と私個人としては思うわけです。いや、ちがうというよりも、「あんまり同じ性だと思いすぎたら、痛い目見るよなあ」って話。

というか男女の差がどうこうっていうよりも、初デートのとき、やっぱり恋した相手を自分と同じだと考えすぎるのは、いろんな意味で危険だよって言いたい。初デートの先輩としてえらそうな物言いですが。

なんだろう、男の子は女の子とちがうぞってこと、女の子は男の子とちがうぞってこと、いやもう男の子とか女の子とか関係なく恋した相手と自分が同じ世界を見てるわけじゃないんだぞってこと、もっと知っておくべきでしたね。ねえ自分の若かりし頃を思い出して、そう思いませんか!?　あなたは!?

じゃあどうやって知ったらいいんだ〜と聞かれたら、すぐさま私は「『恋愛論』を読めよ!」と押しつける。

橋本治は、人間というものを理解するのみならず（これができてる作家はたくさんいる）、男女という双方の性をよく理解してたわけです（これが作家のなかでもめちゃくちゃレア、すごい）。男女、そして恋した人と恋された人がきわめて「ちがう」存在であることを、真正面から教えてくれる本。そのうえで「もっとこうしろよ」と教えてくれる本。それが『恋愛論』なんですね。

きっと、初デート前に読んだら、「あの初デート前に読んだなー」って一生覚えてるでしょ。そしたら、折にふれて読み返すことができるでしょ。いいなあ、私もそういう読み方をしたかった。いろんな人と出会ったら、また読み返して「そういうことだったのか――！」って苦笑すればいいんですわ。

人間であることを切り離されちゃった天使は人間に憧れるし、不自由である人間は、人間であることを超えてる天使に憧れるの。男と女の基本的関係はこれなの。だから、うまく行かないの。お互いがお互いのこと知らないんだから。

（同書）

あ、読書が面白すぎて深夜まで読んでデートに遅刻しないようにね。

処方

男女にまつわるこの世の真理がすべてここに。いやはや。橋本治はすごい。しかしこの本のすごさを分かるのは、初デートのときじゃないかもしれませんが。

14

プロポーズ前夜に読む本

『エマ』

ジェイン・オースティン

（上・下、中野康司訳、ちくま文庫、二〇〇五年）

効く一言

「プロポーズを断わる女性がいるなんて、男性には理解できないでしょうね！　女性は結婚を申し込まれたら、必ず『はい』と返事をすると、男性は思っているんですもの」

「そうでしょうね！」エマも負けずに大きな声で言った。「プロポーズを断わる女性がいるなんて、男性には理解できないでしょうね！　女性は結婚を申し込まれたら、必ず『はい』と返事をすると、男性は思っているんですもの」

「馬鹿な！　男はそんなこと思ってない。でも、これはどういうことなんだ？　ハリエット・スミスがロバート・マーティンを断わった？　もしほんとなら、頭がどうかしてる。きみの思い違いじゃないのか？」


（『エマ』、上）


結婚という概念に対する男女差というのは、スライディング逆転をさせると、初体験という概念に対する男女差になるのではないか。

……というのが友人との女子会で私が気づいた発見である。


はい、意味が分かりますか。説明しますね。意味を分かりたいと思う方だけ以下を読んでください。あ、あとでちゃんと『エマ』の話しますからね。

ジェンダーギャップを消失させる動き激しき昨今。男だからこう考える、女だからこう思う。そんな雑なまとめ方が拒否される、現代社会。

そりゃ女だから文系だとか、男だから理屈っぽいとか、そんなふうにまとめられたら、性格によるやろとツッコミたい。

が、しかし。

二〇一九年になってもなお、（少なくとも私の周りで観測される範囲においては）くっきりと男女で異なる価値観を抱くテーマが存在するんですよ……。

それは何かといいますと。「結婚」である。

ちなみに二〇一九年現在わたくし二五歳。適齢期にはまだちょっと早いけどもう結婚してる子はしてるし、「できるなら早く結婚しちゃいたい」の声が女性陣からはそこかしこから聞こえるわけです。

でもこの声、男性陣からはあまり聞こえてこない。「なんかそろそろ彼女が結婚について切り出しそうでマジで怖い、やめてほしい、修羅場が来てしまう」と、しんどそうな顔でつぶやく男性は拝見するんだけれども（私の観測範囲内の話です。雑すぎる統計で申し訳ない）。

そんなの当然だよ、結婚観に男女差があるのはむかしから周知の事実だよ！　と言われそうですが、私たちの世代でこんなにも男女差がくっきりと浮かび上がるテーマってほかになくて、新鮮。

もちろん「出会ってすぐプロポーズした」「出会ってすぐ結婚が決まった」という話もたくさん聞く。だけど私は、周囲に見える結婚観の男女差（比較的そう、というだけですけど）のほうが気になっちゃうよ。

なんでみんな毎日働いて飲んで食べてちょこっと遊んで恋愛してるのは男女ともに一緒なのに！　二〇代で結婚観に男女差が存在するんですか⁉

と、ここまで友達と議論したうえで、ハッと思い出した事例があった。これまで私たちが生きてきて出会った価値観の男女差。明確に男女の差が出るテーマ。

そ、それは、ずばり「初体験」。

……ってここまで引っ張ってきて下ネタで本当にすみません。不快になった方あるいはまだ年齢が若い方あるいは興味のない方はページをめくって次の章に行ってください！おねがい！

はい、ここで残った方はこのテーマに興味のある方ですね？　大丈夫ですね？　いや私だって嫁入り前なのにこんなこと本に書いて大丈夫なのか心配だけれども。親が読んだらどうしよう。

思い返せば大学生のはじめ（早い子は高校生あたりなのか？）。初体験という未知なる体験を目前にした我々。多くの男の子（ちょっと鼻息荒い）は「できるだけ早く初体験を済ませたい派」なのに、多くの女の子（ちょっと男の子の鼻息に引いてる）は「そんなに早くオッケーを出したらちょっと軽い女だと思われるのでは、ていうかちょっとやっぱり早いのは抵抗ある、できるだけ先延ばししたい派」であるという深い溝を抱えていた。あなたも思い出してください、あの時代の、初体験に対する男女差を……。

……っていうと「興味のない男もいるっつーの！」「いやガンガン自分から誘う女の子もいたっつーの！」とお叱りを受けそうなんですが。でもほら、傾向としてそこに男女差はあったんじゃないかな～と私は思うわけです。二一世紀にもかかわらず。

あの、謎の、社会による抑圧なのか生物としての本能なのかよく分からない「初体験」への逡巡《しゅんじゅん》と期待における男女差。

まるっと男女でひっくり返して「結婚」への逡巡と期待における男女差なのではないか!?

そう考えれば「いつかは結婚したいけど今はまだちょっと怖い」という男の子の結婚に対する声も、「いつか結婚するなら早くしてしまいたい」という女の子の声も、合わせて理解ができるのではないのでしょーか。

……という話を延々友達と飲みながらしまして。

「なら男の結婚への戸惑いもよく分かる。私と付き合ったのは体目的だったの⁉　ってあの頃の女子がうろたえるのと同じよーに男子は、俺と付き合ったのは結婚目的だったの⁉って内心引いてるわけか！」と言った友人は、首を傾げました。

「なんでこんなに、男女って、すれ違うのか？」

……と結論に至ったとき、私は『エマ』という小説のことを思い出したのです。

前置きが長かった。

プロポーズ前夜、あるいはプロポーズ関係に悩むすべての男女に読んでほしい小説がこの『エマ』なわけですよ。

作者はイギリスの恋愛家族小説の名手、ジェイン・オースティン（『高慢と偏見』なんかが有名です）。彼女が一九世紀のイギリスを舞台に「結婚」物語を描いたのが、この小説。その名の通り、エマという女の子が主人公。

しかし、読めば読むほど感心する。なぜならエマや周りの人々の「結婚」に対する前のめりっぷり、あるいは引き気味加減が、現代とそっくりだから。

女性は結婚という話題に対して（なかば野次馬根性も含めて）前のめりだし、男性はそもそも女性は結婚したい生き物なんだと信じて疑わないし（うーん相手によるもんですよ）。風習や価値観は時代と国が変われば変わるものだ……と理解しつつも、やっぱり現代との共通点を見出し、笑ってしまうんです。


たとえば主人公のエマは、「私はキューピッドとして完璧！」と自分のことを恋愛の橋渡し役として最適な人材だと思い込んでるわけですね。恋愛のお世話をするのが大好きだし、人を見る目があると思っている。

だけどナイトリーという男性と出会い、友人の恋愛のお世話をするなかで、自分は何も分かっていなかったのだ、ということが分かるようになる。つまり、自分は何も分かっていない子どもだったのだ、と知ることになる。

そのときの痛みといえば、「う、うわ〜これって見覚えある〜」と自分の体験と照らし合わせて既視感を覚えそうになる。

結婚観には男女差があること。両方が納得していないと、結局プロポーズが成功してもその後うまくいかないこと。人の気持ちは意外と簡単じゃないこと。操作しようとしても、人の心は動かないこと。

エマが結婚という話題に対しては自分だって前のめりなくせに、いざそのときが来たら「えっでもやっぱり早い？　でもとうとうこのときが来たんでは？　はあー」と、尻込みしつつ鼻息を荒くするのは、現代でもよく見る光景……だと思うんです。

結婚したい。でもちょっと怖い。

男女の結婚観が違いすぎる。

それは一九世紀から変わらない悩みなんだな、と。

でも結婚話に右往左往する子どもだったエマも、いろんなすれ違いを経て成長してゆくわけです。

エマはそれを失う危機にさらされてはじめて気がついた。ナイトリー氏にとって自分が一番だということ。つまり彼の関心と愛情の対象として、自分が一番だということ。それがエマの幸福に大きく関係していたのだ。一番だということに満足し、一番であることが当然だと思い、何も考えずにその状態を楽しんできたのだ。そして、その地位がおびやかされているとわかってはじめて、自分にとっ

――てそれが言いようもなく大事なことだと気づいたのだ。（同書、下）――

「私、アホだったー!!」って気づいたエマみたいに、私たちも、いろんな分かり合えなさを超えて、成長して歩み寄ってゆけるといいな、と思いませんか？

初体験だの結婚だの、男女のすれ違いはずっと尽きないけど、それでも私たちは一九世紀から変わってないみたいだし。

一九世紀だって今だって、エマのごとき「自分のことも相手のことも分かっていないがための悲劇」が存在する。

だったら、自分のことも相手のことも、もう少し分かってあげられるように、大人になれたらいい。

人間誕生からこの方、子孫を残すために私たちはいつでも男女の深い溝に橋をかけてきたんだよなァ……もっと私もエマも大人にならなきゃなァ……としみじみ考えさせられる一九世紀の橋渡し小説です。

小説を読んだあなたに、ていうかもう世界中のみんなに、お幸せがやってくるといいですね。おほん。

処方

主人公がやたら結婚結婚言ってるので、「誰とでもええからさっさと結婚せんかい！」と頭をはたきたくなる小説です。あなたもさっさと結婚したい意欲が湧くこと間違いなし。

15

早起きできるか不安なときに読む本

『モンテ・クリスト伯』

アレクサンドル・デュマ

（1〜7、山内義雄訳、岩波文庫、一九五六年）

効く一言

Wait and Hope!

Wait and Hope!――待て、しかして希望せよ！

これが主人公モンテ・クリスト伯の最後の言葉だったわけですが（どんなシチュエーションでの最後の言葉だったのかは、読んでのお楽しみです）。でも実際のデュマは、いったいいつ待つ暇があったんだろうか……と言いたくなる人生を送っております。

といいますのも、作者のアレクサンドル・デュマは、分かっている範囲で愛人が三〇人以上いたらしい。

新聞連載『モンテ・クリスト伯』の印税は現在の価格にして五億円以上。だけど建てた豪邸の建築費は一〇億円以上。しかも名前は「モンテ・クリスト城」。

劇場を建て、新聞を創刊し、果てはイタリア統一戦争のときに弾丸や武器の資金を用意した。

つまりは、『モンテ・クリスト伯』の作者デュマは、そういう人だったのである。

そういう人――派手で、お金を億単位で動かし、しかし合理主義ではなくロマン主義で、恋と愛とロマンチシズムに生きた小説家。

それがデュマ。うーん、人生で待ってる暇があったら自分から捕まえにいってるタイプに見える。

とか書いちゃうと、「え、『モンテ・クリスト伯』を読むよりもデュマの伝記を読んだほうが面白いんじゃない？」と思われそうだ。うーむ。その通りかもしれない。

でも、『モンテ・クリスト伯』を読むと、こう思う。作者はエネルギーに満ちて、ロマンチストで、たぶん慎重というよりは大胆という言葉が似合って、強くてやさしくてずるくてかっこいい人だったんだろうなーと。

ええそうです、私はこの小説が大好きなんです……。

と、いうわけで今回のテーマは「早起きできるか不安なときに読む本」。

いや、本、読むなよ！

とツッコミたくなりますね。私も一瞬ツッコミました。早起きしたいならさっさと寝よう。まず本を読むな。

が、しかしそうは言っても、ど〜しても早起きしなきゃならんときって不安になりますよね。分かる。スマホの目覚ましを何度もセットしたか見直すけれど、やっぱり起きられるか怖い、と。

で、そんなときにおすすめしたいのが『モンテ・クリスト伯』。

これから私が「『モンテ・クリスト伯』が早起きにぴったりな三つの理由」をご紹介し

ようじゃないですか。

① 長いから読み切れると思わない

早起きできるか不安なとき、なんかちょこっと読んで、すぐ眠りにつきたい。だけど何を読んでいいのか分からない。とりあえずそんなあなたは『モンテ・クリスト伯』を読もう。なぜならこの小説、やたらめったら長いからです。

だって岩波文庫にして全七巻ですよ⁉　超・長い。こんな長い小説、一晩で読み切れるとはさすがに思わないじゃないですか。もし二時間くらいで読み切れそうな物語だったら、うっかり最後まで読んじゃった〜ってことがありそうじゃないですか。というわけで早起きには長い小説がぴったり。

② どこから読んでも面白い

『モンテ・クリスト伯』のすごいところは、本当にどこから読んでもどこまで読んでも面白いところ！　今で言えば、週刊少年ジャンプの『ONE　PIECE』にちょっと似てるんですよね。ほら、ワンピースっていろんなとこに行くけど、なんとなくのあらすじが分かってれば、どこから読んでも面白いなって思えるじゃないですか。『モンテ・クリスト伯』も同じで。どういう話かといえば、前途洋々の船乗りダンテスは、結婚式の当日政治犯として濡れ衣を着せられ、孤島に幽閉されてしまう……しかし一四年後、ダンテスはその島に隠されていた財宝を受け継ぎ、「モンテ・クリスト伯」としてパリの社交界に登場し、復讐を誓うのだった……。みたいな話なんですよ。復讐をガンガン実行する狡猾《こうかつ》なダンテスもいいし、ダングラール、ヴィルフォールといった宿敵キャラも際立ってるし、パリを舞台にした華やかな恋愛や社交の場面も面白いし、いろんな要素があでやかに絡んだ話なんですよ〜！　というわけでどこから読んでも面白い。神経質にならずに面白いところを読もう。

③　結局続きが気になる

とまあ、長いしどこから読んでも大丈夫、といったものの、一度読み始めると続きが気になってしまうのが面白い小説というもの。私が『モンテ・クリスト伯』が好きなのは、もちろんデュマのケレン味に満ちた書きっぷりが好きとか、ダンテスのキャラがなかなか狡猾でよろしいとかいった理由もあるんですが、それ以上に！　デュマの「読者がどうしても続きが気になるように書く」意識がガンガン前面に出てるところ。

小説、というか物語は、基本的に作者の語りに乗せられて続きのページをめくってしまう、のが一番理想じゃないですか。ううー続き気になる、と言ってるときの幸福ったらありゃしない。でも世の中には、なかなか続きが気になるって言わせてくれない物語も多いから。『モンテ・クリスト伯』くらい続きが読みたくなる小説って稀有《けう》ですよ！　ほんとに！

というわけで、続きが気になって、「明日の朝、早く起きて読まなきゃ！」って思わせてくれる小説です。朝が来るのを待つ小説。

早起きは、朝起きるのが楽しみなときにできるもの（たぶん）。朝、続きが読みたくなる本を読んで寝るのが一番じゃないですか？

処方

異様に長くて異様に面白い本を読むことで、いっそ早起きしたくなる。

16 眠れないときに読む本

『海』

小川洋子

（新潮文庫、二〇〇九年）

効く一言

「なぜだろう。僕が行ったこともない遠い場所に、僕とは似ても似つかない姿をした動物が生きていて、彼らもまた僕と同じように食べたり、家族を作ったり、眠ったり、死んだりするのかと思うと、それだけで安心なんです」

小説を読むとき、頭のなかにイメージが浮かんでいる。

文章から想起される映像。それははっきりした画像であるときもあるけれど、たいていの場合、ぼんやりとした「イメージ」としか言いようがない。登場人物の顔や服装も、仕草も、風景も。あとからはっきりと思い出そうとすると、実は困難な——たとえば夢の記憶のような、ぼんやりとした映像であることが多い。

言葉を読んで、イメージを浮かべる。小説を読むって、よくよく考えてみると、なんだかすごく複雑な行為なのだな、とふと思う。

それが「音」であるときは、余計。

たとえば夢を見ているとき、無音であるとは思わない。なんとなく音も声もそこにはある、ように思う。だけど起きてからその音をはっきりと思い出すことは少ない。頭のなかに音は鳴る。けれど思い出せない。聴いたのはたしかなのに。

小説も同じように、読んでいるとき、そのイメージが無音である気はしない。小説の登場人物はきちんと声を発し、風の音を聴く。

けれど私たちが小説を読み終え、その声や風の音の記憶を残しているかというと、残していないことのほうが多い。

はじめて小川洋子の『海』を読んだとき。こんなにも「音」を聴くことのできる小説をはじめて読んだ、と思った。それはたとえば稀《まれ》に見る「音のはっきり聴こえてくる夢」を見た感覚と、よく似ていた。

眠れないときには小川洋子を読むといい！　というのが私の持論である。いやー眠れないときってほんと地獄のように世界が厳しいよね……。

今、自分ははっきりと時間を無駄にしているのだ！！！　と思わずびっくりマークをつけてしまうほどに苦～い自覚。しかしそんなことを考えるほど眠りは遠のく。なんで「眠れない」と自覚した夜はこんなにも眠れないのか。諦めて起きて水を飲んじゃうけど、結局やはり眠れない。そして今日も電気を消した部屋で考え事を進める（けど眠れないときに考えて、いいアイデアが浮かぶことなぞない）。うう、苦しい。

だけど、小川洋子は、そんな夜を助けてくれる。

ちなみに誤解しないでほしいのだけど、小川洋子は「読んでると眠たくなる作家」だと言ってるわけではない。それはちがくて、私が言いたいのは、小川洋子は、「読んでると眠りに落ちる精神状態に近いところまで連れて行ってくれる作家」なのだ。

『海』はとくに美しい夢を見ているような作品だ。『海』の小説そのものは、とても短い。ある男性が婚約者の家へやってきて、彼女の弟の、秘密の楽器を見せてもらう……これだけの短編小説。

けれど読み終わったあと、私はひとつの夢を見ていたような心地になる。


「動物が好きだったとは、知らなかった」

「ううん」

彼は首を横に振った。

「好きだからじゃありません。動物を見たあと布団に入ると、ぐっすり眠れるからら」

「どうして？」

「さあ、なぜだろう。僕が行ったこともない遠い場所に、僕とは似ても似つかない姿をした動物が生きていて、彼らもまた僕と同じように食べたり、家族を作ったり、眠ったり、死んだりするのかと思うと、それだけで安心なんです。変でしょうか」


（『海』）

夢を見るとは、どのような状態なのだろう。科学的な解釈や精神分析学からの見地、きっといろんな言い方があるけれど。

私は思う。夢とは、私だけの現実のことだ。

たまに本当に現実よりもずっとあたたかくてしあわせなところにいたような感触だけが残る夢があって、目覚めた部屋の肌寒さに一瞬「へ？」と驚いてしまうことがある。さっきまで、あんなにあたたかな場所にいたのに。

夢は、眠りに落ちた私にだけ現れる現実。

小川洋子の小説は、夢と同じように、私だけの現実を届けてくれる。

他の誰も大人になってからとんと思い出すことのない、幼い頃に知ったてろっとしたカーテンの感覚。海辺に行って風がしょっぱいなと思ったこと、靴紐が少しずつ汚れて広がってゆく瞬間。こたつの中であたたかな膝の上でいつのまにか眠ってしまったとき。そういう小さな瞬間のことを、私だけが知っていたはずで、そして私ももう思い出すことがないと思っていたのに、小川洋子が小説に書いてくるから、驚くのだ。これは私の幼少期の、あるいは私じゃない誰かの夢のなかだろうか、と。

蛍光灯の頼りなげな光を受けた彼の横顔は、手をのばせばすぐ触れられるところにあった。息をひそめ、瞬《まばた》きさえせず、じっと画面に見入っていた。
『……死に真似名人の代表選手と言えば、アメリカオポッサムでしょう。彼らは攻撃されるとまず反撃します。威嚇《いかく》の鳴き声を出し、鋭く尖《とが》った歯で噛《か》み付いてきます。死に真似をするのは、それでも相手がひるまない場合です。それは突然起こります。ドラマティックでさえあります』

僕は生まれて初めてアメリカオポッサムというものを見た。鼠《ねずみ》と狸《たぬき》を掛け合わせたような、灰色の毛が疎《まば》らに生えた、あまり見掛けのぱっとしない動物だった。しかしナレーターの言う通り、死に真似に入ったオポッサムの演技は見事だった。四本の足は好き勝手な向きにだらんと投げ出され、爪《つめ》のある指は空《むな》しく宙をつかみ、口からはみ出した舌と半開きになった目には、なぜこんなことになったのか誰か教えてほしいと嘆くような、切なさが漂っていた。

（同書）

夢を見るとき、私たちは疑問を覚えることはない。自分以外の誰かが自分であっても、驚かない。「男である自分の夢」なんてよく見る。現実の私が女であっても。

たまに小説に対して共感できる、できない、という感想を述べる。だけど小川洋子の小説においてはその言葉をあまり発する気にならない。なぜならそれは夢だからだ。夢のなかで起こっていることに疑問なんか持たない。それはすべて正しい。

口笛とも違う、歌声とも違う、微《かす》かだけれど揺るぎない響きが聞こえてきた。それは海の底から長い時間を経て、ようやくたどり着いたという安堵と、更に遠くへ旅立ってゆこうとする果てのなさの、両方を合わせ持っていた。
僕は小さな弟が海辺に立っている姿を思い浮かべてみた。両足はたくましく砂を踏みしめ、掌は優しく浮袋を包んでいる。まるで風は目印を見つけたかのように、彼に吸い寄せられる。海を渡るすべての風が、小さな弟の掌の温《ぬく》もりを求めている。
彼の唇は本当に今そこに鳴鱗琴があるのと変わりなく、暗闇を揺らし続けた。それは僕の愛する泉さんの唇と、そっくり同じ形をしていた。

（同書）

弟の持つ、鳴鱗琴《めいりんきん》という楽器の音がどのようなものなのか、私は知らない。だけどこの、音が鳴る場面に、私は美しい夢を見る。私だけの、夢を見ている。
眠れない夜も、小説は私たちに夢を見せてくれる。だからこそ、私たちは眠れない夜にそっと小説のページを開く。

眠るとか眠れないとかそういうところを忘れた世界に連れて行ってくれて、心が凪《な》いだ静かな状態に届けてくれる。小川洋子の小説を読むたびに、その稀有さに驚いてしまう。

私はたしかに鳴鱗琴の音を聴いていた。『海』という夢のなかで。

眠れないときも夢を見ることができるから、私はやっぱり小川洋子の作品を読み続ける。

そして翌朝すっきりと早起きをして、昨日読んだ小説のことを忘れ、現実の世界に戻るのだ。

処方

眠りたいけど色々考えちゃって眠れないときは小川洋子の短編小説を読むと、なんとなく落ち着いてすんなりと眠れるのでおすすめです。不眠症の方もぜひお試しあれ。

17

海に行く前日に読む本

「霧笛」

レイ・ブラッドベリ

（『ウは宇宙船のウ』所収、大西尹明訳、創元SF文庫、二〇〇六年）

効く一言

「いや、隠れていただけさ、深い海の奥底に。
それこそ、奥の奥の一番深い奥底にだ」

と

あるアメリカの小説が、「ゴジラ」の元ネタであることをあなたはご存知だろうか。

ご存知だったらきっとさすがのゴジラファン、あるいはブラッドベリファン。

ご存知でなかったら、ぜひこの小説を読みましょう。「霧笛」。

レイ・ブラッドベリの短編小説「霧笛」。あまりにもうつくしくて、読むたび、眼前に海が浮かぶ。というかむしろ、この小説を読んで以来、旅先などで夜の海を見る機会があると「霧笛」のことを思い出すようになった。あと、この小説に出てくる怪物のことも。

それくらい海のイメージが鮮明な、物語。

「霧笛」の舞台は、とある町の、夜の海。暗くて、寒くて、孤独で。

そこには、たった一匹で海の底に住む、怪物がいる。

恐竜の生き残り。それはこの町の「霧笛」にひかれ、灯台に近寄ってくるのだ。

なぜ近寄ってくるかというと、かつて聞いていたなかまの鳴き声と、そっくりだから。

——霧笛が鳴ったのだ。——

そして怪物が、それに応えて吼《ほ》えたのだ。
その吼え声は、百万年にわたる水と霧の向こうから聞こえてきた。ひどく苦しみもだえている、しかも孤独な声なので、ぼくは全身でぞっと身ぶるいした。怪物はこの灯台に向かって呼びかけるように吼えた。霧笛が鳴った。怪物はまた吼えた。霧笛が鳴った。怪物はその大きな歯のはえた口をあけたが、その口から出てくる音は霧笛の音そのものだった。孤独で巨大ではるかかなたから聞こえてくる。ぽつんと孤立してあたりと隔絶した、視界のきかぬ海、冷たい夜、隔離を思わせる音、そんな音だった。
(「霧笛」)

一九五三年に公開された「The Beast from 20,000 Fathoms」という映画が、日本の「ゴジラ」の元ネタらしい。そしてこの映画の原作が、本作「霧笛」というわけだ。最近「シン・ゴジラ」なんかでまた注目度が高まった怪物だけど(私はあの映画の高橋一生さんがやたら好きでした)、ゴジラはもともと人間のつくった霧笛に呼応して鳴く怪物だったのである。

「いや、隠れていただけさ、深い海の奥底に。それこそ、奥の奥の一番深い奥底にだ。これはことばだな、ジョニー、生きたことばだ、ちゃんとそれだけの意味を持っているんだ、この深い海の奥底ってことばはな。こういうことばには、この世のありとあらゆる冷たさ、暗さ、深さがこもっているんだ」
（同作）

「シン・ゴジラ」を観たとき、なんてゴジラはかなしいんだろう、と思ったのをよく覚えている。

たった一匹で歩き続けるだけの生き物。彼は永遠に孤独で、人間は彼をおそれる。だけどそんなふうに思う私に対して、よくよく考えてみれば——と「霧笛」という小説を通してブラッドベリは言う。

「そんなふうに生きてるのはゴジラだけじゃなくて、ほら、きみたちもじゃない？」と。

「きみの人生なんて、まあ、こんなものさ」とマックダンは、怪物に呼びかけるようにいった。「二度と帰らぬものをいつも待っている。あるものを、それが自分を愛してくれるよりももっと愛している。ところが、しばらくすると、その愛するものが、たとえなんであろうと、そいつのために二度と自分が傷つかないように、それを滅ぼしてしまいたくなるのだ」
（同作）

怪物はなかまの声を、霧笛の音を愛するがゆえに、いったん人間が霧笛を止めると、怒って灯台を破壊してしまう。なぜ怪物は灯台を破壊したのか。この小説の登場人物マックダンもとい作者のブラッドベリは「それは人間も同じだよ」と言う。「きみの人生だって、ものすごくなにかを愛しても、それがじぶんのことを同じくらい愛してないとわかれば傷つくから、それを最初からなくしてしまいたくなるだろ?」と。

愛は憎しみに変わりやすいだなんて定型文があるけれど、それは結局愛情に一番傷つけられるからだ。ゴジラも、怪物も、私たちも。

怪物は?

あれは二度ともどってはこなかった。

「あれはもう行っちまったよ」とマックダンはいった。「深い海の奥底へ帰っちまったよ。この世の中では、なにを、いくら愛しても、愛しすぎることはない、という教訓になったね、あの一件は。あいつは一番深い海の奥底に行っちまって、また百万年じっと待つのだ。ああ、まったく気の毒に! あの海底でじっと待っ

ている。人間がこのあわれな小さい惑星の上に現われては消えるあいだも、じっと待っている。じいっと待ちに待つ」（同作）

あなたが海へ行くのなら、この「霧笛」を読んでみてほしい。

海へ行ったとき、その景色がきれいとかだけじゃなくて、すうっと何かに癒されるような、落ち着くような気分になったとしたら、きっとそれはこの怪物が海の底で眠ってるからじゃないか……と私は思う。おままごとみたいな話だけど。でもほんとに、大人になった今でも私はそう思っている。

海の底には私たちと同じように、何かを待っている怪物がいて、早く誰かに会いたいと思っているのに、まだ、会えない。


プールも温泉も川もあるのに、なんでいまだに人間は海へ入りたがるんだろう？

どこかに帰りたいからかもしれない。

怪物といっしょに。

処　方

本なんか読んでないでさっさと楽しい明日の準備をしよう。それでも本を読みたいあなたには、夜の海の描写が異常にうつくしい短編小説を。すごく短いので、すぐに読めるところもよいですね。

18

合コン前に読む本（女性向け）

『風と共に去りぬ』

マーガレット・ミッチェル

（1〜5、大久保康雄・竹内道之助訳、新潮文庫、一九七七年）

効く一言

「死と税金と出産！　これぱかりは都合のいいときなんて絶対にないんだわ！」

むかし友達と「飲み会や合コンその他で、もっともよい殿方に出会う方法とはいかなるものか」ということについて議論したんですよ。我ながら話題が俗っぽくて苦笑してしまいますが。ここで恥をしのんで、その会話を覚えている限り一部書き起こしてみますね。

「でもたいていさ、いい人に出会うぞ〜とがっついてるときって、いい人に出会えないよね？」

「あーちょっと分かる。ぼんやり行ったときのほうがうまくいきそう」

「なんでやろねー、やっぱりがっついてると相手が引くんかな」

「それもあるやろけど、こっちに余裕あるときのほうがぼんやり相手に好意持てるから、ハズレでもいい！　とはなりにくいっていうか」

「たしかに〜。余裕ないと相手に過剰に期待しすぎて、結局いいように見積もりすぎたり、わるいように見えすぎたりする」

「それな。同じ相手が来ても、余裕によってこっちの対応がちがうよ」

女子会とはこのような会話の集積を指すわけですが、今日ふとこの話を思い出しまして、そして結論を出しました。
世の女子たちに合コン前夜に読んでほしい本！　それは、『風と共に去りぬ』なのだ……と！

『風と共に去りぬ』といえばヴィヴィアン・リー主演の映画が有名なんですが、小説もま～～～名作なんですよ。大好き。あまりに面白くて全五巻一気に一晩で読んだんですけど。

この物語の何がいいって、主人公のスカーレットがこのうえなく欲望に忠実なことです。つくづく、女の欲望を詰め込んだような女で。序盤を読んでいると「とりあえずかっこよさげな男の子全員引っかけたい」「きれいな服を着てきれいだねって言われたい」「そんでもって世界で一番好きな人と結婚したい」というスカーレットの欲望がひしひしと小説中に渦巻く。通常の小説で見られるような「可憐で華奢《きやしや》なヒロイン像」をぶっ壊し、エネルギー過多・オーラ満点・とにかく欲望に忠実な女なんです。女なら一度はこれくらい欲望に忠実に生きてみてえ～と憧れるような。

しかし、スカーレットはその欲望を完全に満たしきることなく生きることになります。
そう。『風と共に去りぬ』という物語の最大のポイントは、「スカーレットがそのあふれ続ける欲望を、最後まで満たせない」ことにあるのです。

（はい、こっからネタバレ含みます。有名な話ですが、嫌な方はつぎの（　）までとばしてくださいね）

一番好きだ好きだと思う男には振り向いてもらえず、南北戦争に巻き込まれてきれいなドレスも家も失うスカーレット。小説のなかではほんっとに苦労だらけというか、人生の苦闘をこれでもかと詰め込まれた日々を送ります。

なんちゅーか、読んでいて最初はお嬢様の物語だと思ってたのに、その襲ってくる困難の濃ゆいこと。商売するし結婚三回するし流産もするし世間の風当たりガンガンに強いし。挙句の果てに、全五巻をかけた恋は実らなかったり……。

（ネタバレ終わりました！　どうもありがとうございます）

おいおい、スカーレットの有り余る欲望はいったい何のためにあるのか⁉　とツッコみたくなるほどに、この小説は「欲望を満たせない物語」なんですよ。

ハッピーエンドはどこやねん！

しかし散々スカーレットのタフな運命を見つめた読者は、この物語のなかできっと一番有名なことば——“After all, tomorrow is another day.”という最後の台詞によって、「この物語が何のためにあったのか」を理解するんです。

“After all, tomorrow is another day.”、有名な訳だと「明日は明日の風が吹く」。直訳すると「ほら、明日はまたちがった一日だから」ってとこでしょうか。

この台詞から分かること。それは、スカーレットにとって欲望が満たされてしまったら、明日はちがった一日にならない、ということ。

つまり、スカーレットにとっては自分の欲望を満たせないからこそ「未来は今のままじゃ終わらないはずだ、もっとよりよく生きられるはずだ」って思えるんです。そういう女なんです。

明日が今日と同じ日だったら、いつか退屈で死んでしまう。そんなの無理。ハッピーエンドを誰よりも願ってるくせに、ハッピーエンドを迎えたら退屈で死ぬことくらいどこかで分かってる。だってこのあふれる欲望がなくなるんだもの。そんなのスカーレットが生きる理由、ない。

ずっと自分の欲望と明日を追いかけて、吐き出しそうな衝動でやりたいことをやってのけ、運命ともいえる困難に勝ちまくって、誰かへのあふれる熱をもって生きるのが、スカーレット。

だからこそ彼女はハッピーエンドを迎えずに「ああもうどうしてこんな人生！」と嘆きながら立ち向かう。それがスカーレットにとっての「明日はちがった日がやってくる」人生なんです。

ついでにいうと、これって『グレート・ギャッツビー』にも見られるきわめてアメリカ的価値観なんだと思うんですけど（反対にヨーロッパ的価値観だと明日は今日と同じ日であってほしいんですよね）。

いや〜〜〜ハッピーエンド迎えたいやろ、一生このままでいいって地点に辿りつきたいやろ、スカーレットどんな生き方しとんねん、と私も思いますが。ここまで書いててツッコんだわ。

しかし冷静に考えてみると、スカーレットの生き方というか『風と共に去りぬ』という小説って、うつくしいし、善き生き方……なのかもしれない。

だって、彼女（というか作者）は理想とする人生や「こうなりたい」欲望を満たせないことこそに、人生のうつくしさを見出しているんですよ。

なりたい自分になれない日々にこそ生きる価値は見つけられるんだ、って作者はこの本で説いている。

生きてると、なかなか思い通りにいかないことにうちのめされる。もっと自分がうまくやれたらなぁって落ち込んでしまう。

でも、もし「欲望を満たせない」ことこそに、「思い通りにいかない」ことこそに、人生のうつくしさみたいなものを――言うなれば『風と共に去りぬ』的ロマンを――見出せるなら。それって、うつくしいことじゃないですか？

こうなりたい、こうありたい、こういう理想を生きてみたい。目標もとい自分の欲望を満たすべくがんばる日々がある。合コンに行って、いい人を見つけたい、ってのもその一環ですよね。かっこいい人と付き合いたーい。分かります。明日行った合コンに佐藤健がいたらいいなあ、ってねえ。

でも、実際には佐藤健ではなく理想から外れた男の人がそこにいる……ことが多い。

しかし！　そこで『風と共に去りぬ』的価値観をとりいれるならば！　そもそも期待し

すぎて目の前の現実を見れないのもしんどいし、自分の理想通りの人じゃないからっていきなりバツをつけるのもちがうと思う！

ていうかそもそも『風と共に去りぬ』を読んでたら「いやほんと世の中、頼りになるのは男の人じゃなくて自分……」と心から思える！（スカーレットのごとく男をとっかえひっかえする女になるためには絶対に自立が必要なのです）。

いやほんと『風と共に去りぬ』、合コン前夜にぴったりじゃないですか？

面白すぎて寝不足になりそうなとこだけはあかんけど。

明日は明日の風が吹くから、今日は思い通りにいかなくても大丈夫だし、そうやって日々を重ねてくうちに何かを手にしていたりもする。

明日もがんばって生きよう、と励まされるタフな女の物語です。

ちょっと落ち込みそうになったとき、心のなかに、欲望と衝動のままに動くスカーレットを飼うことを私はおすすめします。人生がなかなかうまくいかなくてへこみそうなときにぜひ読んでみてください。カンフル剤のごとく、効きます。あ、もちろん合コン前夜にも！

処　方

「やっぱ世の中、頼れるのは男じゃなくて自分！」って心底思える傑作長編小説。あと「何かが起こったときに頼りになるのはどういう男性か？」という問いが真剣に描かれている。未婚の女性は一読されたし。

19

合コン前に読む本（男性向け）

『アンナ・カレーニナ』

トルストイ

（1～4、望月哲男訳、光文社古典新訳文庫、二〇〇八年）

効く一言

「あら、どうしたのかしら！
なぜあの人の耳はあんなになったの？」

ペテルブルグに着いて、汽車が停まると同時に車室を出ると、最初にアンナが注意を引かれたのが夫の顔だった。「あら、どうしたのかしら！　なぜあの人の耳はあんなになったの？」落ち着き払って堂々とした夫の体軀と、とりわけ急に異様な感じを覚えた、丸いソフト帽の縁を支えているその耳の軟骨を見つめながら、彼女はそう思った。彼女の姿を認めると夫は唇にいつものからかうような笑みを浮かべ、どんよりとした大きな目でまっすぐにこちらを見ながら近寄ってきた。じっとこちらを見つめるその鈍い視線を受け止めると、まるでそれが想像していた夫とはちがっていたかのように、なにか不快な感情が胸をしめつけた。とくに彼女を驚かせたのは、夫と会ったとたんに感じた自分への不満感であった。

（『アンナ・カレーニナ』、1巻）

傑作小説『アンナ・カレーニナ』のなかで、私がものすごく好きなエピソードがこちら。汽車を降りて、夫を見かけた瞬間、こみ上げる不快感。そしてそれは「なんであの人の耳はあんなふうなんだろ？　あんなのだったかしら？」という、不可解な感情になって表面化する。

分かりますか、これを描けるトルストイの凄さが。「耳」ですよ、「耳」。夫を見た瞬間に異様な感じを受けるのが、「耳」。今ふうの言葉で言ってしまえば、久しぶりに旦那さんを見て、「え、なんかこの人の耳ってキモくない……?」と奥さんがまじまじ思っている。顔とか雰囲気とか息じゃなくて、耳がキモい、と。

なんじゃそりゃ、と眉をひそめられそうな話ですけど。耳ってそんなにしっかり見ないでしょ、百歩譲って見たとしても形にいいもわるいもないでしょ、ましてやキモい耳なんてある? と。

でも私は、女性が男性のことを「なんかよく分からないけど生理的に無理になった、キモい」と思うあの絶望的かつ残酷な瞬間って、結局は「耳」がキモいと思うことなんだよなぁ……と言いたい。

そこに理屈も根拠もなく。ただ「なんかよく分からないけど、キモい」という、あのこみ上げる感情。

それは、それまで何も思ったことのなかった耳に違和感を覚えること、なんです。

こんなふうに、トルストイは「なんでそんなところまで分かるの!?」って女性として叫んでしまいそうな細部まで書くんです。書けるんです。

「でもそれがどうしたとおっしゃるの？　グリムには『影をなくした男』という寓話があって、男が影を失いますわね。あれは何かの罰なんですのよ。わたしにはそれがどんな罰なのか、わかったためしがございませんが、でも女の場合、影なしではきっとつまらないでしょうね」
「そうね、でも影のある女性というのは、たいていい先行きよくない目にあいますわよ」アンナの友達が言った。
「そんなことおっしゃると罰が当たりますわよ」

（同書、１巻）

「なぜってアレクセイは、これは夫のアレクセイのことだけれど（まったく、二人ともアレクセイなんて、なんと不思議なめぐり合わせでしょうね？）、アレクセイはきっとわたしの言うことを聞いてくれるから。わたしが忘れれば、あの人は許してくれるわ……でも、どうしてあの人は来てくれないのかしら？　あの人はいい人よ。ただ自分がいい人だって知らないだけなの。……」

（同書、２巻）

『アンナ・カレーニナ』は、一般に「奥さんが不倫する話」として知られている。だけど読んでみると、そもそも不貞を働いただけでもなく、結局アンナは、不倫先でもすくわれることはない。いやこれ以上言うとネタバレになっちゃうんですけど。

何かからすくわれようとして、夫じゃない彼と恋に落ちたはずなのに。どうしてか、恋をした先でも、すくわれない。

たぶん、アンナは強すぎる。と私は思う。それは単純な「気が強い」みたいなことじゃなくて、精神のタフさとも言うべきものが、ふつうの人よりも濃く、ぎゅうっと詰まっている。そしてアンナの強さに、夫も、彼も、ついていくことができない。引いてしまう。アンナの強さを支えられるくらい、同じくらい強い男性とアンナは巡り合うことができなかった。それがアンナ・カレーニナの悲劇なんだと私は思うのです。

だけどどれだけの女性が、自分と同じくらい強い、タフな男性と巡り合うことができるって言うのか。

アンナの孤独は、女性が背負い続ける孤独なんだな、と感じざるをえない。だって、ねえ、女の人のほうがタフなんだもの（って言うと、何を根拠に、って男性陣には睨まれそうですが）。男の人ってすぐ仕事とか趣味でいっぱいいっぱいになるし。女性は仕事しながら化粧してネイルして恋愛して友達と長いLINE送りあってるのに！　って恨みがましく言っちゃうのは、私が女だからですね。ごめんなさい。

アンナはどうしたらすくわれていたのか。これが『アンナ・カレーニナ』という小説が私たちにもたらす、ひとつの問いです。アンナが自分の業に飲み込まれずに、生きていくためには、何が足りなかったんだろう。
あなたが男性なら、お願い、考えてよ！　って私は頼まざるをえない。だってアンナは、この小説に出てくる男の人の誰にも、決して、すくわれなかったんだもの。
男にすくわれようとするなよ、って言ってしまったらその通りなんだけど。

「わたしにどんな望みがありうるのかって言うのね？　わたしが望むことのできるのは、あなたに捨てられないことくらいね。あなたはそのつもりでしょうけれど」相手が言葉にしなかったことをすべて読み取って、アンナは答えた。「でもね、わたしはもうそんな望みも捨てたわ。どうでもいいことだから。わたしが欲しいのは愛なの。でも愛がないのよ。だったら、全部おしまいでしょう！」

（同書、4巻）

愛はどこだ、ってよくもまあ一九世紀のロシアから二一世紀の日本に至るまで人間は変わらずぐるぐる考えてますよね。飽きないんだなあ。
でも残念ながら、愛はどこだ、の結論がどこにもまだ見つかっていないからこそ、私たちは『アンナ・カレーニナ』を読むことができる。きりきりとした切実さと、それを超える甘美さをもって。

合コン前夜の男性諸君、ぜひトルストイを読んでから行ってください。女心が分かりすぎてつらい状態になれるはずです。ほら、「きのう何してたの？」って女の子からきゅるんと見つめられたとき、「トルストイ読んでた」ってどや顔……できないか。いやむしろトルストイ読んでたって言って「えー！　私も好き！」って言う女の子と出会えたらそれは運命。おめでとう！

処　方

女心がこんなに分かる小説は古今東西を探してもほかにどこにもありません。『アンナ・カレーニナ』を読んでから合コンに行くと、どんな女性の深層心理も透けて見えることでしょう。

20

受験に臨む人が読む本

「仁勢物語」

作者未詳

（『假名草子集』〈日本古典文學大系90〉所収、岩波書店、一九六五年）

効く一言

をかし、男、頰被《ほうかぶ》りして、奈良《なら》の京《みやこ》春日《かすが》の里《さと》へ、酒飲《の》みに行《い》きけり。

受験生は本を読まずに勉強しろー！　と言いたくなりますが、まあ、そうは言っても意外と余裕のある受験生は本を読むものなのか……と私は大学に入って知りました。都会の進学校の生徒さんとかね。うらやましい。私は大学受験生のとき、小説断ちをして、読んだのは坂口安吾の『堕落論』と恩田陸の『チョコレートコスモス』だけだったという思い出があるぞ！　その二冊は面白すぎてうっかり読んじゃったけど！

でもまあ受験と一概に言っても、社会人になってからの試験とか趣味でとる資格とかもあるし、そんな方々みんなに処方したいのは、ハイ、「仁勢物語」です‼

……って言ったところでこの面白おかしい江戸物語を知らん人のほうが多いやろけど。ちくしょう。私が広めたい。広まらないなら広めてやるぜ、ホトトギス。

「仁勢物語」、どんな話かというと。この名前に似た何かを思い出す方はいませんか？

……ほら、アレですよ。高校のときにやったでしょ。「伊勢物語」。

そう、江戸時代の仮名草子「仁勢物語」は、平安時代の歌物語「伊勢物語」のパロディなんですよ！

見てもらうほうが早いので、「伊勢物語」一段をご覧くださいませませ。

むかし、おとこ、うゐかうぶりして、平城《なら》の京、春日《かすが》の里《さと》にしるよしして、狩《かり》に往《い》にけり。その里《さと》に、いとなまめいたる女《をんな》はらから住《す》みけり。このおとこ、かいまみてけり。おもほえずふるさとに、いとはしたなくてありければ、心地《こゝち》まどひにけり。おとこの著《き》たりける狩衣《かりぎぬ》の裾《すそ》を切《き》りて、歌《うた》を書《か》きてやる。そのおとこ、しのぶずりの狩衣《かりぎぬ》をなむ著《き》たりける。

かすが野《の》の若紫《わかむらさき》のすり衣しのぶのみだれ限《かぎ》り知《し》られず

となむをいつきていひやりける。ついでおもしろきことともや思(ひ)けん。

みちのくの忍(ぶ)もぢずり誰《たれ》ゆへにみだれそめにし我ならなくに

といふ歌《うた》の心ばへなり。昔《むかし》人は、かくいちはやきみやびをなんしける。

(「伊勢物語」日本古典文學大系9)

昔、ある男が(元服して)冠をかぶったばかりで、奈良の春日の里に領地があって、猟場に狩りに出かけた。その里に、とても若々しく美しい姉妹が住んでいた。男はその姉妹の姿を垣間見た。意外にも、さびれた都に、全く不似合いだったので、男はのぼせてしまった。男は着ている狩衣の裾を切って、歌を書いて贈った。その男は信夫摺りの狩衣を着ていた。

春日野の若い紫草で染めた信夫捩摺りの模様みたいに、心が限りなく乱れる思いをしています。

男は姉妹に追いついて、そう伝えた。そこで、面白いことだと思ったのだろうか、姉妹は、
陸奥の信夫捩摺り染めみたいに、誰のせいであなたの心が乱れ始めたんですか？　きっと私たちのせいではないですよね。

と気の利いた歌を詠んで返した。昔の人はこんなふうに熱情を込めた風雅なことをしたものだ。

（筆者訳）


ハイ、こちらが本家「伊勢物語」。詳細はググってください。受験生のために解説しておくと、「しのぶ」が「思いを忍ぶ」と「しのぶ摺り」の掛詞になってるとこがポイントですね。田舎に都会っぽい姉妹ふたりが住んでてキュンときたからお手紙おくったらいなされたわ～でも風流～というお話です。

で、このお話をパロディにしたのが、こちら！

をかし、男、頰被《ほうかぶ》りして、奈良《なら》の京春日《かすが》の里《さと》へ、酒飲《の》みに行《い》きけり。その里にいと生臭《なまぐさ》き魚、腹赤《はらか》といふ有けり。此男《おとこ》、買《か》ふて見にけり。おもほえず、古巾《ふるきん》著《ちやく》に、いとはした銭《ぜに》もあらざりければ、心地《こゝち》まどひにけり。男《おとこ》の著《き》たりける借《か》り著《き》る物を脱《ぬ》ぎて、魚の價《あたひ》にやる。其男《おとこ》、澁染《しぶぞめ》の著《き》る物をなむ著《き》たりける。

春日野の魚《さかな》に脱《ぬ》ぎし借《か》り著《ぎ》物酒《さけ》飲《の》みたれば寒《さむ》さ知《し》られず

となむ。又つぎて飲みけり。醉て、面白《おもしろ》き事《こと》どもや思《おも》ひけん。

道《みち》すがらしどろもぢずり足元《あしもと》は亂《みだ》れそめにし我奈《われな》良《ら》酒《ざけ》に

といふ歌の心《こゝろ》ばへなり。昔人《むかし》は、かくいらちたる飲《の》みやうをなんしける。

（『假名草子集』日本古典文學大系90）

こっけいな話をひとつ。ある男が手ぬぐいをかぶって、奈良の春日の里へ酒を飲みに出かけた。その里に、とても生臭い魚・はらかと言うものがあった。男はこれを買って見た。意外にも、小袋に、小銭すら全然なかったので、男はどうしていいか分からなくなった。男は着ている借り着物を脱いで、魚代に換えた。その男は渋染めの着物を着ていた。

春日野の魚のために借り着物を脱ぎました、酒を飲んだので、寒さがわからな

い。

と詠んで、またお酒を注いで飲んだ。酔って面白いことだと思ったのだろうか。**道中でしどろもどろに擦った私の足元は乱れ始めた。奈良酒のせいですね。**

と気の利いた歌を詠んだ。昔の人はこんなふうにせっかちな飲み方をしたものだ。

（筆者訳）


分かりますか、パロディになってるって！

すごいのは、本当に一語一句ごとにパロディされてるんですよ。あらすじを真似したとかじゃなくて、きちんと原典をもとにして、新たなるあらすじをつくっている。

たとえば「むかし」は「をかし」に、「はらから（姉妹）」は「腹赤（生臭い魚の名前）」、「我ならなくに」は「我奈良酒に」……笑っちゃいますよね。あらすじも、春日にお酒を飲みにいった男が、魚を買おうとしたけどお金がなかったから、自分の服を代金にして払った、と。そして酔っ払って詠んだ歌は「自分の足元が乱れている、奈良酒によって……」。

「ならなくに」が「奈良酒に」になったところ、それは奈良の都・春日で飲んだから、ということ、すべてが神がかって上手だと思いませんか！　か、感動しちゃう。

江戸時代の人は、「伊勢物語」をこんなふうにパロディにして、笑いながら読んでいたわけですよ。めちゃくちゃ面白くないですか。教養がありつつ、その様相はきわめて豊かで。

昔の人って、こんなに古典をちゃんと体のなかに染みこませて、そのうえで笑いながらその知識を使ってたんだな、って分かる。ユーモアを持つためには知識が必要なんだ、ってものすごく思う。

しかしこの「仁勢物語」の良さが分かるためには、「伊勢物語」が分かってないとダメなわけですよね。

そう、私が思うに、勉強して得た知識や教養は、豊かさや正しさを与えてくれるだけじゃなくて、自分が思っている以上の「面白さ」をも与えてくれる。こんなに世界って面白かったんだー！　と、脳みそがスパークする瞬間が、知識を得ていると、たしかにある。

でもそれって、知識を持ってるだけじゃなくて、知識を使った瞬間に出てくるものだと思うんです。ほら、「伊勢物語」だけを読んでも面白くて楽しいけど、「仁勢物語」を読むときに「伊勢物語」の原典を知ってたらより爆笑できるように。知識はストックして、使ってくのが一番いい。

だから、受験期は、基本的にストックの時期です。どんどん知識をためて、自分の引き出しにちゃんと整理して置いておいて、そんで受験が終わったら現実世界でめいっぱい使うといいと思います。それは単純な、たとえば数学を解くこととか古典をもう一度読むことだけじゃなくて、思いもよらないところでその知識を使う場面に出くわすこと。

きちんと、ひとつひとつ向き合っていれば、知識は使うときがくる……というのが受験も越えてきたわたくし現在の結論です。というわけで、つかれたときは「仁勢物語」でも読んでくださいね、受験生の皆さん。応援してます。

処　方

本なんか読んでないでさっさと机に向かって勉強しよう。それでも本を読みたいあなたには、江戸時代の爆笑古典パロディを。「昔の人は教養をこんな面白く受け止めていたんだなァ……」と感心するし、自分も勉強して面白おかしく使いたい、と思える。あと緊張もほぐれる。仮名草子集は短くて面白い話が集まってるのでおすすめ。

21

旅に出る前に読む本

『酩酊混乱紀行「恐怖の報酬」日記』

恩田陸

（講談社文庫、二〇〇八年）

効く一言

気に入った場所、雰囲気のある場所に出会った時に、そこを舞台にして何が起きるかを考える。いや、考えるというより、自分やその場所に聞いてみるというほうが正しいだろう。

旅に出る。

はい、そこのあなた。旅に出るの、怖いですか？　それとも楽しみですか？

私はわりと、怖がりタイプです。

ていうか旅だけじゃなく、何に対しても期待よりも恐怖のほうが勝る。だから私にとっての旅行って、【自分の恐怖とどう向き合うか】という人生の最高難度のテーマと向き合ういいきっかけ、というか、これから来るべき人生に対する高度な予行演習をしているよーなもんだと思っている。

何のための予行演習かと言うと……何だろう？

いやそんな心配したって、何にもならないよ！　怖くない怖くない！

私は自分の内なる恐怖を笑い飛ばして、怖がりでないふりをする。今日も。

……だけど恩田陸さんの紀行エッセイ『酩酊混乱紀行「恐怖の報酬」日記』を読んでいると、自分の「旅に対する漠然とした恐怖」なんて忘れてしまう。

なぜならば、自分の数百倍も旅を怖がっている作者がそこにいるため、読むと自分の不安など忘れてしまうのである。

作者が感じている「旅への恐怖」とは何か。

それは「飛行機が怖い」ことなんである。

そう、『酩酊混乱紀行「恐怖の報酬」日記』とは、「飛行機を超怖がる作者が、その恐怖を超えていったい旅先で何を見てきたのか?」を綴る、ハラハラどきどき紀行エッセイ!なのだ。

ハラハラは大げさだろとツッコまれそうなので、作者の飛行機に対する怖がりっぷりをご覧いただきたい。


あんたはこれからあの怖い怖い飛行機に乗るんだぴょん

実は、家を出てからずうっと頭の中でそういう声がけたたましく鳴り響いているのである。K嬢と話しつつも、荷物を運びつつも、その声は消えない。時にはあまりにも大きな声でそう言うので、電車のアナウンスが聞こえないくらいだ。

しかも、なぜかその声の語尾は「だぴょん」なのである。その舐《な》めくさった語尾のせいで、ますますイライラとパニックは募《つの》る。


(『酩酊混乱紀行「恐怖の報酬」日記』)

怖がっている。もういっちょ見てほしい。

チューブの奥では、客室乗務員たちが我々を待っていた。口々に客と挨拶を交わし、奥へ奥へと進ませる。順序よく中に吸い込まれていく客たち。

いけない、これは罠よ。
みんな、引き返すのよ。
騙《だま》されちゃ駄目。
奥のカーテンの向こうには赤い部屋があるの。で、カイル・マクラクランがチェリーパイ食べながら踊ってるのよ。そこは注文の多い料理店で、『リトル・ショップ・オブ・ホラーズ』みたいなでっかい口があって、みんなばりばり頭から食べられて、飛行機のタイルになっちゃうのよー。

私の頭には、なぜかそんなシュールな光景がまざまざと浮かんでくるのである。

（同書）

ねえほんと、この怖がりっぷり。

井上ひさしさんがどこかで「作家だのエッセイストだのっていうのは、『これをどうにかして言わねばならぬ』と書きたい気持ちをひとりで盛り上げるのが上手い人のことである」と言っていたけれど（※どうしても出典が見つからなかったので正確な言葉ではないです。ごめんなさい）。恩田陸さんのエッセイを読む限り、作家という生き物はどうやら自分が想像する百倍の力で想像の細部――しかも遠くにある恐怖を自分のほうへ引っ張ってこられる人種のことを言うらしい。自分で自分の恐怖を盛り上げている……。

しかし！　この旅にそこまで恐怖を味わう甲斐があったのか否か。飛行機恐怖症の作者の旅は、イギリスやアイルランドにて続く。絵画や文学、そしてお酒だらけのこの旅の行く末は、ぜひ本を読んで見守ってほしい。

さて、冒頭で「私は旅に出るとき怖がるほうだ」なんて言ったけれど、しかしそれでいて私はけっこう旅行が好きだ。

旅に出る前には「えーほんとにこの旅行楽しいのかなあ、こんなにお金払う価値があるのかなあ、ていうかなんか忘れ物してないかなあ」とかくよくよ悩んでしまうくせに。しかしそれでいて、なんで旅行をしたい、旅行が好きだ、と感じるんだろう？

この本を読んでいると、その答えが分かる。

気に入った場所、雰囲気のある場所に出会った時に、そこを舞台にして何が起きるかを考える。いや、考えるというより、自分やその場所に聞いてみるというほうが正しいだろう。

（同書）

作者の恩田陸さんは、旅に出ると小説のネタがよく思い浮かぶらしい。

旅に出るといつもは見えない景色を見ることができるから。そこを舞台にした妄想を広げ、自分の小説の種になりそうなものを見つける。

私はこの箇所を読んだとき、ああなるほどな、とちょっと納得してしまった。

恩田さんほどじゃないけど、私だって旅に出るときはいつだって不安や恐怖や億劫さのほうが勝る。だけどそれでも「あー旅行に出たいな」と思うのは、そこにある、新しい何かが見たいからだ。

旅に出ることで得られるものは、恩田さんの場合は小説のネタだけど、きっと人によってちがう……何だろう、億劫な思いをして外に出たからこそ見られる何か、みたいなもの。

旅の準備をしているときは楽しい。着てゆく服を選んだり、持って行く本を選んだりすることは、きっと楽しいであろう旅の楽しみにはやる心を落ち着けるための儀式であり、同時にほんとに旅が楽しいかどうか分からなくてトラブルがないか不安で、もし楽しくなかったらどうしようせっかく時間とって行くのに、と無駄に不安になる心を落ち着ける儀式でもある。

旅は、いつだって楽しみであると同時にものすごく不安だ。

ほんとうに、きちんと楽しい時間を過ごせるかどうか分からなくて怖いから。

だけどその「怖い」時間を過ごして準備をして、そして旅に出ないと、ほしいものは手に入らない。

「旅」はよく「人生」のメタファーになる（人生は旅だ、みたいな言葉聞きません？　あれのことね）。

結局、「旅」とは目的地が分かるようで分かっていない「どこかに行く」ことだ。

けど、そこに至る「移動手段」の段階で人が留められることは、よくある。飛行機が怖い。飛行機に乗るお金がない。飛行機に乗る時間がない。

それでも私たちは恐怖を克服しお金を払い予定を前倒しにして時間を空け旅に出る。そこに行って何かが手に入れられるかどうか分からないけれど、でもやっぱり、旅に出る。

いつだって人生は恐怖の報酬が積み重なった痕跡だ。恐怖がった先でないと、ほしいものは手に入らない。飛行機に乗る恐怖を体験した後じゃないと、文章のネタは、手に入らないんだよー！

ああしかしこのエッセイ、めちゃくちゃお酒が飲みたくなる。もちろんアイリッシュ・ビールやイギリスのパブで飲むビールもおいしそうだし、眠れない飛行機でクドカンのエッセイを読みながら飲む白のハーフボトル、そしてイギリスの列車で赤ワインを飲みながらつまむ黒胡椒のおかきなど、もう私は今すぐ自分のwordファイルを蹴っ飛ばしてお酒を飲みに行きたくなるんや……（いまはちょうど深夜……）。

お酒を飲む前にもどうぞ。

処方

これから旅に出る、飛行機が怖いあなたへプレゼント。異様に飛行機を怖がる小説家が行く、はじめての海外旅行です。紀行文であるはずなのだがその内容の三分の一くらいが「飛行機への恐怖」で終わるという異様な本。あと旅先でお酒が飲みたくなりますっ。

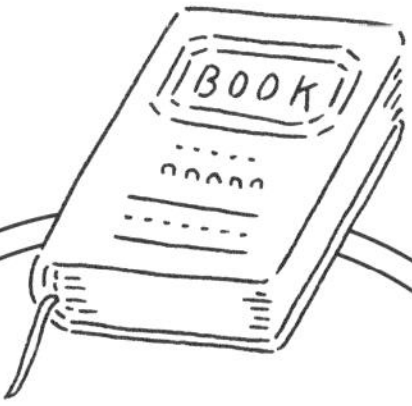

自分を脱ぎ捨て、

変身編

劇的に変わりたい！

22～26

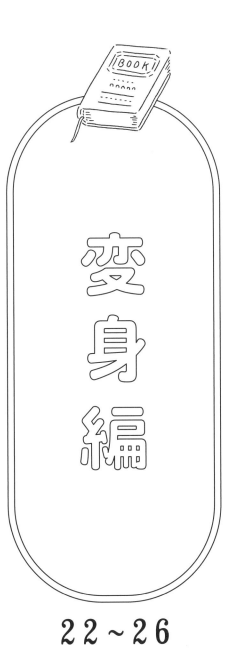

22

女に生まれたくなかった日に読む本

『愛すべき娘たち』

よしながふみ

（白泉社、二〇〇三年）

効く一言

母というものは要するに
一人の不完全な女の事なんだ

女

に生まれて、女に生まれてこなきゃよかったのになあ、と、人生で一度でも思わない人はいるのか。はたして。

私は男に生まれたかったわけじゃないし、女でいることが楽しいけれど、それでも女ってほんとに……ねぇ……と夕方の道端でおこなわれる井戸端会議で横の人の顔色を窺うお母さんみたいな台詞を発したくなるときはある。

分かりやすく言えば生理とか、社会的なとこだと結婚の話題とか人生設計を考えるときとか、あとちょっと男の子の仲間に入れてもらえない気がするとき、とか。

女という性別は、ある種の業だと思う。

結局自分のなかに眠る「へどろ」のようなもの——そして私はそれが私を女たらしめているのだと知っている——を見ないふりなんてできない。

どろどろどろって渦巻く、自分のなかの痛みとかかなしみとか、これってやっぱり自分が「女だから」生まれたもんだよなぁと思わざるをえないときがある。女同士の間でも、男と対するときも、それは生まれる。

自分を殺して笑わざるをえない状況や、どうしたって嫉妬しているのに嫉妬なんて知らなそーなきょとんとした顔を浮かべる場面、やっと手に入れたものを「いい思い出になったね」みたいな言葉で片づけられた瞬間とか、それでもその言葉がこっちを傷つけてるなんてこの人は一生知らないんだよなって思い知るときとか。

もちろん男の子に生まれていたらそれはそれでいろんな業があったのだろうけど、いま私は女なので、女であるところの業しか知らない。

だけどこの漫画を読むと、気が遠くなる。

私が抱くこの女の業は、ああ、先祖代々「女」であった人々からずっと受け継がれてきたものなのか、と。

『愛すべき娘たち』はとある母娘を中心に、様々な女の人の姿を描いた五作品の短編連作集だ。

いやもう私はこの短編漫画集のことが好きで好きで好きで、ていうかなんてすばらしいんだ、完璧だ、なんでこの本にノーベル文学賞が与えられてないの！　と偉い人の肩を揺さぶりたいくらいなんですが。ちなみにノーベル賞は作品でなく作家に与えられるものですけどね……。

で、この漫画に出てくる人のなかには、恋に依存する女の人もいれば、恋ができない女の人もいる。仕事と家事をめぐる話もある。コンプレックスと向き合う話もある。けど、この漫画を読んでいて、いちばんくらくらするのは、「母から娘へ女であることの業は受け渡され、それはどこの家庭でもおこなわれるものであるからして、はじまりもおわりも見えない永遠に続くいとなみなのだ」と知ることだ。

頭がくらくらする。

たとえば容姿にものすごくコンプレックスを持つお母さんの話が出てくる。お母さんはとても美人なのに、自分では「美人じゃない」と言い張るのだ。娘はずっとそれを不思議に思っていた。

だけどあるとき、娘は知る。そのコンプレックスを生み出したのはほかでもない母の母であったのだ、と。そしてその母の母――つまり祖母がコンプレックスを植えつけたのもまた、ある種の善意、親の愛情から来る、祖母自身のコンプレックスによるものだったのだ、と。

母と娘というテーマはもうちょっと深淵すぎて私の手には負えないぜと放り投げたくなるのだけど、そうはいってもこの世界――少なくともこの国には「女であることの業」が地下に脈々と流れていて、まるでずっとずっと止まらない伏流水みたいに、私たちの足下に潜む。そしてその水は母から娘へ、そうっと、受け渡されている。

きっとお母さん自身も、もちろん娘も自覚していないところで。

それを呪いというべきか恵みというべきか、私には分からない。

私たちは女に生まれたからには、人を愛して人に愛されて生きてくべきだなんて言われるし、ていうか実際そうありたいし（だって愛し愛されて生きたくないですか!?）、べつにそんなことを言われなくても可愛くありたいし、可愛いって言ってもらいたいし、誰かに選ばれたい。

そして母もまた娘にそうあってくれと望む。基本的には。幸せになってほしい、誰かに愛されて生きてほしい、と。

けど、その「幸せになってほしい」という願いが、娘を縛り得る。私たちが幸せでいるために差し出すものは、私たちを傷つけることがあるから。

誰かを愛することは誰かのための自分であることを意味して（『愛すべき娘たち』が描

くように、きれいごとじゃなくて私たちは人を差別して誰かを愛するのだ)、だけどそんな、誰かのための自分でありたいと思うくらい立派な人がこの地球上にごろごろ転がってるわけじゃない。当たり前だ。私だってそんな立派な人間じゃない。

でもあたし気付いてしまったの
恋をするって人を分け隔《へだ》てるという事じゃない
(『愛すべき娘たち』)

難しい。どうしたらいいのか分からない。

だけど難しいながらもその枠から出ようと、自分なりの、女であることの、自分であることの幸福を追い求めるその姿こそが「愛すべき娘たち」なのだ。

人はいろんな業をかかえて生きているけれど、だけど、それでも自分が自分であることを求め続けながら、探し続けながら生きてくしかない。

女であることをやめたくなった日には、ぜひ『愛すべき娘たち』を読んでほしい。

きっとあなたと同じように、女であることにもがいたり苦しんだりしながら、戦って、がんばっている人が、ここに、いるんだ。

処　方

女として生きてゆく人生がしんどくなったときに読みたい、短編漫画集。女って疲れるけど、それでも愛おしい。厳しくてやさしい女たちの人生がここにあります。

23

男に生まれたくなかった日に読む本

『現実入門　ほんとにみんなこんなことを？』

穂村弘

（光文社文庫、二〇〇九年）

効く一言

自分ひとりの世界での甘い空想や望みと現実との間のギャップは、これまでにも散々味わってきたのだが、どうしても慣れるということができない。それはいつでも思いがけなくて、必ずショックを受けてしまう。誰かがどこかで常に私の行動をみていて、その都度裏をかいてるんじゃないか、と思うほどだ。そんな面倒なことを一体誰が。

男の人もまた、たいへんだと思う。

私は女であるけれど、世の男の子たちを見ていると——すっごく余談だけど、おじさんでもおじいさんでも「男の子」って言いたくなるのってなぜなのだろう——「た、大変だよねえ……」と背中をさすりたくなるときがある。まぁ実際にはさすりませんが。

もちろん世代や時代によってジェンダー観はちがうし、男と女に分ける必要はあるのか、男女の傾向なんて血液型占いみたいなもんだろ、と私も思う。だけど一方で、やっぱりこの社会には男と女という性別があり、さらに一応生物学的にもちがう。

というわけで今のところの私が見た、男の子であることの大変さは、「できるふり」を強要させせられることにある。

女の子は、「げっ、できないんやけど、教えてよ！」と言うことが許されやすい。もちろん仕事では「できない」なんて言ってられないとか、私は甘えベタだからそんなこと言えない〜という御方もいらっしゃるであろーが、しかしそれでも男の子の抑圧に比べればかわいいもんである。

男の子が「できないよ〜」と言うにはそれなりのキャラ確立なりふだんの振る舞いなりの、「できない」なりの努力が求められる。厳しいことであるよ。

だけど歌人の穂村弘さんはひっそりと告白する。「できないんですよ、実は」と。『現実入門』というそのまんま正直すぎるタイトルは、穂村さんが「できない」ことをひとつひとつやってみて、そしてやっぱり「できない」ことを認識する男の子入門のようなテイストの本なのだ。

この本を書かれた当初、穂村さんは結婚も離婚も一人暮らしもしたことがなかったという。そしてキャバクラも海外旅行も合コンも占いも献血も「初体験」だという。なんという人生の入門コース。この本を読んでいると、意外と人生には関門がたくさん待ち受けているのだなァ……と分かる。

穂村さんは、ひとりでひっそりとこの世界の「できない」を抱きしめる。たとえば「はとバスに乗ること」とか「献血にゆくこと」なんていうびみょ～な現実の「できない」を乗り越える。さらには「部屋を探しにゆく」だとか「ブライダルフェア見学」だなんていう一大イベントに至るまで。

え、だれとブライダルフェアに行ってるのか？……それは読んでみてのおたのしみ、というやつである。

考えてみると、「できない」ことは、孤独を連れてくる。

私はこの本を読んでいると、運動神経が悪く、クラスでひとりだけ二重跳びがまだできていないあの孤独を思い出す。

え～二重跳びなんて跳ぶだけやん、ほらもうちょっと速く手首を動かしてみたら、いや練習すればばかほちゃんだってできるよ！　一緒に放課後練習しようよ！――そんなクラスメイトの声。困惑する私（小二くらい）。

ばかやろう、なにが楽しくて放課後を二重跳びに渡さにゃならんのだ、私は今日発売した『りぼん』をはよ帰って読みたいんじゃい、と心のなかではクラスメイトの善意を罵《ののし》るものの、クラスメイトと遊ぶことそのものは好きなので、困った顔で苦笑を浮かべるしかできない。かわいそうだった私（小二くらい）。

できないもんは、できないのに！　ね！

でも「できない」ことを、「できる」人はなかなか分からない。どんな分野だってそうだと思うけど。体育も勉強も恋愛も仕事も、できる人はさくっとできてしまうし、あるいは努力によってできる側に行ってしまうし、できない人はどーすればできるようになるのか分からないまま、苦笑いを浮かべるしかない。

しかし「できない」事実を認識するのもつらいけど、もっとつらいのは「みんなはできているのに自分ひとりだけできてない」という孤独な状況に耐えることそのものがつらいのだと思う。ああ、できないって、こどく……。

と、個人的な思い出をつらつら書きたくなるくらいには、『現実入門』には「できない」ことの痛みと孤独がユーモラスに綴られている。

そろそろ穂村さんの話に戻ろう。たとえば穂村さんが、しあわせの絶頂！　である新婚の友人宅（決して穂村さんが幸せの絶頂なわけではない）に遊びに行ったときのこと。にこやかな友人たち。テーブルに並ぶごちそう。たちこめる幸福の充満具合。なんと穂村さんは家に帰るなり、原因不明の高熱にうなされてしまう。本人いわく「幸福オーラで免疫機能が下がって寝込んで」しまったのだ。幸福全開オーラは穂村弘に高熱を連れてくる……。

そこで穂村さんがつくった短歌がこちら（ってそんなときにも短歌をつくる歌人の鑑《かがみ》）。

さみしくてたまらぬ春の路上にはやきとりのたれこぼれていたり　　（『現実入門』）

いい歌だと思いませんか、おにーさん。

しかし穂村さんはむやみに彼らに嫉妬などしない。高熱にうなされながら考え、「いやでも誰かが幸福になったから自分が不幸なのではないのだ、誰かがラブラブだから自分がひとりなのではないのだ」という結論に至る。そしてこう言うのだ。


僕がひとりぼっちなのは僕がひとりぼっちだから僕はひとりぼっちなのだ。

考えているうちにこわくなってきた。

（同書）


こ、こわい。こわすぎる。こわすぎる結論だ。

「ひとりぼっち」はどうすることもできない。この世で「ひとりぼっち」だけはどうすることもできない、だって自分はどうにかできても他人がいてくれるかどうかは、自分がコントロールできるものではない。

二重跳びはものすんごく努力すればできるようになるかもしれんけど、ひとりぼっちだけはものすんごく努力しても運と縁が味方しないとどーにもならない。

それでも「ひとりぼっち」はこわい。

こわいよ、おにーさん。たすけて。

現実は厳しい。

たすけてよーこわいよーむりだよーと泣いたところで、アンパンマンはやってきてはくれない。背中にたらりと垂れる冷や汗を感じ、ぎゅっと唇をかみしめつつ、しかし現実にひとりで立ち向かってゆくしかないのだ。ほら、たとえば合コンの前にお腹が痛くなる穂村弘さんのように。

私もあなたもそうだ。

だけど冒頭で言った通り、私（女）よりももっと、「むり〜」って言えない男の子たちは、どうやってこの世界を乗り越えているのか……。

私はクエスチョンマークを五つくらい浮かべながら、なむなむと呟くほかない。

世の男の子たち、いつだって、「できるよ」って言ってくれてありがとう。本でも読んで、現実から気を紛らわしてね。

ほんとうは、男女で力をあわせて「できる」ようになっていければいいんだけどね。こちらもがんばります。

みんなで「できない」を乗り越えて、というか気を紛らわしていきたいですね。「できない」からって死ぬわけじゃ、ないはず！

処方

合コンもモデルルーム見学も献血も人生初の出来事、そんな作者の「現実」入門日記。「できるふり」をしなくてもいいかなと思える、肩の荷がおりる歌人エッセイ。

24

エスパーになりたいときに読む本

『日出処の天子』

山岸凉子（1〜8、角川書店、一九八六年）

効く一言

「王子のおっしゃっている愛とは　相手の総てをのみ込み　相手を自分と寸分違わぬ何かにすることを指しているのです
元は同じではないかと言い張るあなたさまは
わたしを愛しているといいながら
その実それは……あなた自身を愛しているのです
その思いから抜け出さぬかぎり　人は孤独から逃れられぬのです」

人間ってかわいそうだ。……『日出処《ひいづるところ》の天子《てんし》』を読むといつも思う。

かわいそう、という言葉は、なんだか上から目線だし、傲慢だし、なんならお前も人間やろ、と思われそうなんだけど。そして私も同じように思うんだけど。それでも、かわいそう、としか形容できない。

自分も含めて、みんな、かわいそうで、かなしくなってしまう。

『日出処の天子』は、「聖徳太子が同性愛者だった」という設定のもとに描かれる漫画だ。というか、聖徳太子は同性愛者であるのみならず、超能力者のような形で描かれる。超能力者というとスプーン曲げたり空を飛んだりするのかと思われそうだけど、もっと霊的な、観念の世界に生きているような能力をもっている。

聖徳太子、というのはこの漫画に登場する主人公を呼ぶのに若干違和感の残る表現だから、彼のことをここでは厩戸皇子《うまやどのおうじ》と呼ばせてほしい。

厩戸皇子は、完璧な存在として描かれる。美しさも権力も能力も立ち振る舞いも、誰から見ても天才、と呼ばれるに値する。彼はいつも微笑んでいて、まるで、人ではないかのような美しさをたたえている。

だけど——彼は恋をしてしまう。

恋をしてしまったとき、心から欲する相手を見つけたとき、彼は、「その人」がいれば自分の力が跳ね上がることに気づく。人間を超えた力を、「その人」がいれば、自分はもつことができる。

自分は心の底から「その人」が欲しくてたまらない。

でも、はたして「その人」は、自分が欲するのと同じくらい、自分を欲するのだろうか？

厩戸皇子は美しくて、だからこそ、そんな厩戸皇子を見ると、私は、なんてかわいそうなんだろう、と思う。いや何度も言うようにすごく傲慢な言い方なんだけども。

こんなにも、自分一人でなんでもできて、能力があって、つねに強くいられそうな存在であっても、人間は、弱さをもたざるをえない。

（以下ネタバレ含みます！　注意！）

なんということだ　これほどとは今の今まで気が付かなかった

自己《おのれ》が自己《おのれ》らしくあるためには　いやわたしが人間らしくあるためには

毛人《えみし》に補われねばならぬというのか！
わたしの理性や感情をもはるかに超えて　もっと奥深い根源的なところで必要としている鍵は毛人だというのか!?
人ひとりが完全であるために　他の人間をこれほど欲さなければならないというのはどういうことだ
わたしという人間はそれほどまで欠落した部分を持って生まれたのか
いやそれよりも　なにより　もっと恐ろしいのは
毛人にとってわたしは…
そうだ　毛人にとって　わたしは　必要欠くべからざる人間ではない！
（『日出処の天子』、5巻）

か……。かわいそう……。それ以外の言葉が出てこない。
女友達と話してたらよく登場する「あなたの魅力を分からない男がバカなんだよ！　もっといい人がほかにいるって！」という台詞をかけてあげたくなりますね。いや、厩戸皇子からすれば「もっといい人がほかに」いないから困ってんだけどさあ。

こんなにも他人を求めているのに、結局そこで何も返ってこない厩戸皇子は孤独で、さいごまで孤独で、やっぱりかわいそうだ。

「ならば我々二人で高め合うことは充分できるはず　あの愚かな女共が立ち入らぬ分それだけ高く」
「そんなはずはありません！　この世は男と女の二つで成り立っているのです！あなたさまはその半分の種を見返らぬまま何かを成そうというのですか
人は行く所まで行きついて初めて完成するのです」
（同書、8巻）

たまに、考えることがある。自分が欲するものというのは、結局今の自分からしか出てこないから、自分のためにはならないんじゃないか？　と。
どういうことかといえば、まあ『日出処の天子』を読んでくださいというのがはやいのだけど。でも説明すると、たとえば子どもがクリスマスプレゼントをもらえるとする。で、そのとき、何が欲しい？　なんでも買ってあげるよ、ってお母さんに聞かれたら、彼がどーしても欲しくてしょうがないおもちゃを頼む。
そのとき、彼にとって「おもちゃ」ってのは、自分がいま欠いているもので、さらにそれがあれば自分の幸福が達成される（って思ってる）もんである。

だけどその「おもちゃ」ってのは、彼が見たことのある範囲内にあるなかで欲されるもの――つまりは今の自分から出た欲望の対象でしかない。

何が言いたいかって、もしかしたら未来の彼の幸福を達成するのは、おもちゃじゃない何かかもしれない。でもそれを彼は見たことがないし、今の彼の選択肢のなかにはないから、結局はそれを欲することができないのだ。

自分が欲しいと思うものって、「今の」自分を一番満たしてくれるものでしかない。実際はそのほかの、見たことのないもののほうが、もっと自分を満たしてくれるかもしれない。ほかのものを、知らないだけかもしれない。

けれどそれが今の自分のなかに選択肢としてない限り、それを欲するしかない。


それってものすごく不自由な話だよなー、と私は思う。だってせっかくなんでも買ってあげる、って言われてるのに、結局は自分が見たことあるものや今の自分の範囲のなかでしか欲することができないんだから。

けれど、厩戸皇子は、それに似たことを恋に求める。

相手が、今の自分と一致してくれること。厩戸皇子の世界には、ある意味、彼以外いなくて（だって彼が一番完成された存在なんだもの）、だからこそ恋をした相手にも、自分と同じものになってくれ、と願う。

男性である彼にとって、女性という「ちがう」存在を、望むことができない。

自分とちがう、未知のものを受け入れられず、今の自分の範囲を超えられない。だから彼は孤独の世界に住む。

だって彼の世界には、他者がいない。


……そう思うと、さらにもう、厩戸皇子はかわいそうだ、と切なくなるのだけど、人間そのものがみんな、かわいそうなんだろう。

誰かを欲さざるをえないのに、その欲しいものは、今の自分のうつし鏡でしかない。だけど他人は自分とちがうから、永遠に欲しいものは手に入らない。

その外に出る方法は、今もって、誰も知らない。


他人のことを分かりたい、他人と分かりあいたい、他人を受け入れたい、とこんなにも私たちは願っているのに。だけどその方法を、私たちはまだ、だれも知らない。自分とちがう存在を、どうすれば受け入れられるのか、まだ誰も分かっていない。

みんな、やっぱりまだ、孤独だ。
厩戸皇子が生きた時代から一四〇〇年経った今も、人間はかわいそうだ。

「王子のおっしゃっている愛とは　相手の総てをのみ込み　相手を自分と寸分違わぬ何かにすることを指しているのです
元は同じではないかと言い張るあなたさまは　わたしを愛しているといいながらその実それは……あなた自身を愛しているのです
その思いから抜け出さぬかぎり　人は孤独から逃れられぬのです」
「ではわたしはこのまま孤独が続くというわけだ
耐えられぬはずがない　いままでもそうだったのだから」

（同書、8巻）

処方

「聖徳太子が超能力者だった」──性も人間も人智もすべて超えた物語を読みたいときに。

25

恋愛をしたいときに読む本

『言い寄る』
田辺聖子
（講談社文庫、二〇一〇年）

効く一言

私は五郎の気立てや心がからだけでなく、
肉体も好きなのである、と分る。

なんだか最近、恋愛がどんどんファンタジーになっている。

いや自分が恋愛から遠ざかってるという意味ではなく（知らんけど）、世の中と「恋愛」との距離感が妙なものになっている、ように見える。恋愛小説も恋愛ドラマも恋愛映画も、なんだかふつうのファンタジーよりもファンタジーっぽい。「みんなが好きなラブってこういうものですよね〜！」と差し出されているような。ハリー・ポッターと月9は同意語ではないか。

現実にある恋愛が、どんどん空中分解しているように、見える。

それに伴って、日常を舞台にしたリアルな恋愛小説がどんどん減っている。と、私の観測範囲においては、思う。ただのOLさんが恋愛する話が、ドラマと漫画のなかだけのものになってしまった。小説では、世界が滅亡しかけたり男女が逆転したり青春時代だったり、何らかの変わった設定のもとで恋愛する話しか見ない。ふつーの会社員がふつーに恋愛する話、それだけじゃ小説にならない。本屋さんに行くと、そう言われている気分になる。

と言いつつ、田辺聖子のこんな発言に私は深く頷いてしまう。

『言い寄る』は、週刊誌連載の作品でしたが、あの当時は小説雑誌がわっといちどきに創刊された頃でした。

そんな熱気の中で、私は手ざわりのいい、新しい恋愛小説を書いてやろう、と思っていました。

ボーイ・ミーツ・ガールのお話ではあるんだけど、会話するうちに、ビビビ……、と何かが働いて「あの子、なんや変わっとるな」「なんだか面白そうやな」と言いながら、男の子と女の子が、互いに、どこが好きか、どこに魅かれたか、ということを発見していく小説、会話がぽんぽんとかわされて、頁をめくるいとまも惜しいというような小説こそが、恋愛小説だと思っていたから。

（『言い寄る』あとがき）


ページをめくるのがもどかしくて、会話が魅力的で、男女が素敵に描かれる小説。それが、たしかに「恋愛小説」の醍醐味《だいごみ》であるはずなのだ。

あとがきに書かれた田辺先生の発言通り、『言い寄る』という恋愛小説はまさに「男女が出会って」、読者がページをめくるのも惜しい小説となっている。ええー、どうなるの、えっ、こっちの男と寝るわけ、ひゃーなんかまた人物出てきた！　と気を揉むうちに、主人公の「うふふ」という微笑みに自分もつられて微笑んでしまう。

主人公は、二八歳関西在住のデザイナー。五郎に片思い中。しかも彼女は恋愛に慣れているのに、どうしても五郎とは「そういう雰囲気」にならない。恋愛も仕事も趣味もたっぷりあるのに、一番欲しい五郎とは、妙にタイミングが合わない。そのやりとりがもどかしく、読者も思わずページをめくってしまうのだ。


昔はこんなことはなかった。二十一、二のおぼこ娘のころは、何となく「ゴロちゃん」が好きなだけであった。

そのくせ、私と五郎のあいだは、何のつながりもなしに、数年、絶えた。

「久しぶりに再会した」とさっき、簡単にいったけど、それは、私が二十七、八のとき。

だから、それまでに私は、バタバタとあわただしく、男を経験していた。

だから、五郎を好きなのは昔とちっとも変らなかったけれど、それだけに、前よりもっと即物的に、具体的に執着が募っていった。

未経験の女の子というのは、想像の道すじがたたないから、もやもやとした恋情を、どう説明のしようもないのである。

しかし、経験ずみの女の子は、たなごころを指すように、自分がどうしたいか、分るのである。

私は五郎の気立てや心がらだけでなく、肉体も好きなのである、と分る。

いい石鹸《せっけん》の匂いのしていそうな、がっしりした清らかな体つき。中谷剛の挑発的な、彫像みたいに見事な裸体（それさえも、金持の傲慢とエゴを象徴している。金をかけ、うぬぼれをかけ、ひまをかけて鍛えた肉体美）とちがって、五郎のそれは、正直ですこしものがなしい肉体である。

そういう、無心の肉体が好もしい。


（同書）


い、いやはや。こんなことをさらりと書けちゃうのが、恋愛小説のいいところ。恋にわーきゃーするんでもなく、世間を斜め上から見下ろすような、さらりとした色気。

思えば、恋愛がファンタジーになってしまっているのは、恋愛を「なんかめっちゃすごいもの」と社会が扱うがゆえ、なのかもしれない。恋愛ってすごいらしいよ！　運命の人と出会えるらしいよ！　ものすごく自分を変えてくれるものらしいよ！　そんな幻想が強くなりすぎて、私たちは「ものすごい恋愛」を自分ができる気がしなくて、お金も時間もかかりそうな所業に躊躇《ちゅうちょ》してしまう、のかもしれない。

でもみんながしてることが、そこまで「すごいもの」であるはずもなく、『言い寄る』を読むと、適切な恋愛のサイズというものを思い出す。


「そんなに、あんた、甲斐隆之が好きなの？」

「どうして？」

「でも彼が好きやから、産むんでしょ」

「タアちゃんは関係ないわよ」

「へえ」

「あたしは元々、そう好きでもなかったんやわ、考えてみると。あたしはねえ……タアちゃん、なんて呼びたかったの。だから、夕のつく男の子が好きになったのね」

なんてふしぎなことをいう女である。美々のいうのを聞いてると、よろしくない頭がよけい混乱する。では夕のつく名前の男なら誰でもよかったのか。

「まあ、そんなものね」

と美々はすましていった。

（同書）

「タ」がつく男だから好きになっただなんて、そんな簡単でえーのか、と主人公と一緒に読者も吹き出しそうになってしまう。だけど私たち人類は、そんな些細なきっかけの末に子どもを産んだり一緒に育てたりするようになる。

そんなに「ものすごいもの」ではないはずだろ、恋愛って。たかが恋愛だろ。

ちょっとした料理を一緒に楽しんだり、週末に一緒に買い物へ出かけたり、ささやかな会話や、ちょっとした目配せが、恋愛なのであって。だけどそこに幻想や妄想を抱きすぎると、途端に重たく、苦しいものになってしまう。

恋愛を適正サイズに、それでいて「はあー恋愛上級者はこんなことを考えているのか」と、はうっとため息をついてしまう小説。

『言い寄る』に出てくる男なんて、ネットで見かけたら「クズじゃん」って思いそうなのに、実際に小説のなかで出会うと可愛げがあって、読者も主人公もてろんと許してしまう。

恋愛なんてしてもしなくてもいいと思うけれど、恋愛小説のページをめくったその先にあるものは、とろとろとした死海にただようカモメのような、くすくす笑いながら絵本をめくる子どものような、ちょっといい具合に煮込まれたカレーのような、そんなてろんとしたやさしさだろう。

『言い寄る』には、田辺先生の軽やかな関西弁で、やわらかく、可愛げのある生身の人々が描かれる。

恋愛なんて言葉に押し込めなくても、他人と接することこそが、私たちにとってのよろこびであるはずなのだ。

処方

読むとなぜか自分も「恋愛」に触れたくなる魔法の小説。恋愛の醍醐味を物語にするとこれになるのだなぁと思います。恋愛に関係なく、心が渇いているときにぜひ。

26

カップラーメンができるのを待っている間に読む本

『細雪』

谷崎潤一郎

（上・中・下、角川文庫、二〇一六年）

効く一言

ゆく春の名残《なごり》惜しさに散る花を
袂のうちに秘《ひ》めておかまし

なんで私はカップラーメンをするような人生になっているんだ……と深夜にポットの前で佇むことはありませんか。私はあります。あ、ないですか。よき人生を送られているようでなによりです。

いや、おいしいんですけどね、カップラーメン。そこはかとない罪悪感と高揚感と背徳感がまぜこぜになった味、素晴らしいんですけどね。

だけど同時に、「こんな人間になってるはずでは……」と思ったりもするんですよ私は！

カップラーメンをすることなんてないような、そんな人生もあったはずなのに！　もっと丁寧な暮らしと優雅な毎日に囲まれててもよくない、私⁉

今回ご紹介するのは、そんな荒んだ気分のときに、貴族社会へ心をトリップさせてくれる一冊です。

谷崎潤一郎の『細雪』は、そろそろ戦争に向かいつつある時代を綴った小説。一見、昭和初期の関西に住むお嬢様四人姉妹が優雅な生活を送る話……に見えますが、よく読んでみると、実はそう単純でもありません。春の観桜。夏の蛍狩り。秋のお月見。四姉妹が日本の文化を体験してゆく様子を描いています。それは実は、谷崎が執筆していた当時戦争中だった日本が、ゆっくりと「文化」を失っていく過程が綴られているからなのです。

考えてみてください。たとえば私たちが、「アルバム」を作ろうとするタイミングっていつだと思いますか？　卒業アルバムなんて言葉がありますけれど、たいてい、卒業することが分かっているからアルバムを作るんですよね。

ほんとうにそれらを楽しんでるとき、私たちはアルバムにして楽しかった時間を残す必要はないんです。だってこれからずっと楽しいことができるんだもの。

だけど「あ、この時間はどこかで終わるんだ」って気づいたとき、人はアルバムを作ろうとするんですね。

いつかこの時間は終わってしまう。いつかこの時間を懐かしむときが来る。そんな予感を手にしたとき、私たちはアルバムにして楽しかった時間を思い出せる装置を作ります。いつだって楽しかった時間を頭のなかに再現できるように。子どもはずっと親といるって思い込んでるから自分の姿をアルバムに残そうなんて思わないけど、親はいつか子どもが離れるって分かってるから子どもをアルバムに残そうとするようなものですね。

だとすれば、『細雪』は谷崎にとって、自分の愛した文化や関西や女性たちの一番美しい瞬間を残そうとしたアルバムなのです。

文章で、いつでも頭のなかに再現できるように。

……余談ですが、谷崎潤一郎の望む結婚相手、ご存知ですか。新聞記者の取材に語った条件らしいんですけど。

一、関西婦人であること、但し純京都風の婦人は好まぬ。
二、日本髪も似合ふ人であること。
三、なるべくは素人であること。
四、二十五歳以下で、なるべく初婚であること。(丙午《ひのえうま》も可)
五、美人でなくとも手足が奇麗であること。
六、財産地位をのぞまない人。
七、おとなしく家庭的な婦人であること。

(『谷崎家の思い出』高木治江、構想社、一九七七年)

完全に『細雪』やんけ！！！　と叫びたくなるのは私だけじゃないはず。ね、やっぱり谷崎の好みの女性たちを詰め込んだのが『細雪』なんですよっ。

『細雪』が、こんなにも美しくていい香りがして、読むだけで心がとろとろと幸せになるのは、谷崎自身の愛がゆったりと詰め込まれているからなんだと思うのです。


つまり、彼が愛するものを小説のなかに閉じ込めた、ある種美しい巻物を見ているかのような小説、それが『細雪』。

だからまあ、長い。まじで、長い。

だけどその長さがあってこそ、『細雪』。

きっと谷崎は、この小説を書くことを、「終わらせたくなかった」んだ、と思います。


私たちはカップラーメンを食べるとき、どうしても素早く食べてしまいます。できるだけはやく食べる。そして次の行動にうつる。栄養はないかもしれませんが、効率的で、味もわりとおいしいです。

だけど世の中には、カップラーメンと逆のものもありますよね。

「これを食べる時間がずっと終わらなければいいのにな～」って思うもの。ずっとずっと触れていたくなるもの。効率とか生産性なんて言葉が頭にも浮かばないくらい、ゆっくりと長く続いてほしくなる、贅沢で丁寧なもの。

それこそが『細雪』という小説なんですよ。

谷崎にとって美しい思い出そのものであり、谷崎の「ああ、この世界にずっといたい」っていう欲望に引っ張られて、私たちは「ああ、この世界にずっといたい」って思ってしまう。

カップラーメンができるのを待ちながら読むのに、これ以上相応《ふさわ》しくない小説もこの世で見つからないですが。

だからこそ！　谷崎の「せめて、妄想の中でも好きな世界に浸らせてくれ」という贅沢で切実な世界に私たちも浸りましょう。

世知辛くてスピードの速すぎる現実にはない、あの贅沢でゆっくりとした空間を求めて私たちは小説を読むんです。

現実でカップラーメンをすするときこそ、小説でごちそうを食べましょう。

処方

やたら豪華な食事ばかりが出てくるので「なぜ私はカップラーメンを食べているんだ……」という気持ちになり、やたら長い小説なので読んでいる間にカップラーメンが伸びること間違いなし。

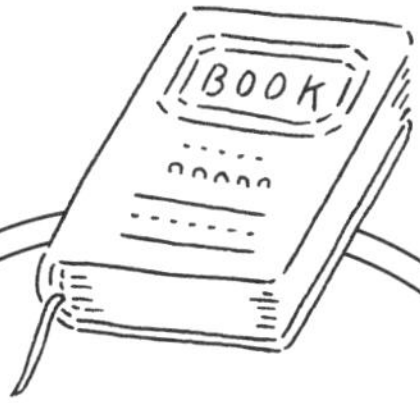

この一冊で、

滋養強壮編

バッチリ元気！

27~33

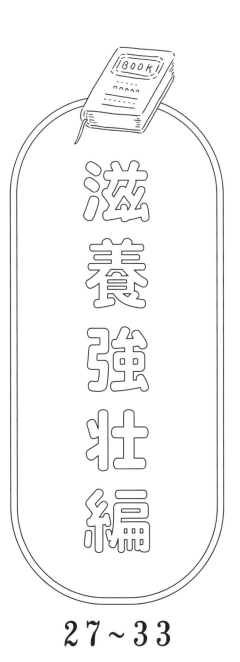

27

死にたいときに読む本

『臨死体験』

立花隆

（上・下、文春文庫、一九九四年）

効く一言

それというのも、私自身死というものにかなり大きな恐怖心を抱いていたからである。
しかし、体験者の取材をどんどんつづけ、体験者がほとんど異口同音に、死ぬのが恐くなくなったというのを聞くうちに、いつの間にか私も死ぬのが恐くなくなってしまったのである。

本を処方するなんて傲慢な試みをしていると、いろいろツッコミどころが出てくるのが人間というものであって、なんつーか、いやまあ、そんなときもあるよね、がんばろうね……くらいでお茶を濁したくなってくるのが人情。人様のお悩みを目の前にして腰がひけるくらいにはまだ小娘！　あかん社会経験が足りひん！　と逃げたくなる。

いや、死んじゃあだめだよ！！！

と、ひとこと言っておいて、今回の処方箋に入ろう。

で、まあ死んじゃあだめなのは大前提。なんでかっていうと、だれかが死ぬことよりも生きてることのほうが尊いなあと私は思うから。ってＮＨＫ教育テレビの番組みたいな話になってたな。

でも、単純に、なんであんなに死ぬことは魅惑的なのだろう、と私はたまに考えることがある。

うんと小さかった頃、ガイコツとか死体とか、あるいは若くして死んじゃった人のニュースとか、食い入るように見ていた時期がなかっただろうか。私はあった。いや、食い入るように、というのは嘘で。なんかよくないこととは分かっているんだけど、それでもなんとなく見たくて見ちゃう、ぼんやりと薄目をあけて、しっかり見ちゃう。

大人になってからは、子どもの頃にハラハラしたような刺激物に慣れてしまったので、むしろ事故や事件に関しては胸を痛めるようになった。けれど、それでもあの頃、死ぬことが身近で、魅惑的で、ちょっとそっちに行ってみたいような、そんな心情だったことを私はたしかに覚えている。

今回紹介する本じゃないんだけど、スティーブン・キングの有名な『スタンド・バイ・ミー』という小説は、子ども時代の「死体に惹《ひ》かれる」感情を描いた傑作なのだけど。映画で「スタンド・バイ・ミー」をはじめて観たとき、「ああ小さい頃、死体にちょっと興味を惹かれていたのって私だけじゃなかったんだ、あれってけっこう普遍的な欲求だったんだなあ」としみじみ思ったものである。

でも！　日本にはスティーブン・キングのように「少年時代と死体」というノスタルジックな物語を扱うよりももっと、ダイレクトに、まっすぐに、死体あるいは死そのものと向き合っている作家がいる。

ご存知だろうか、立花隆の名を！

『臨死体験』という上下巻の分厚い文庫本を見るにつけ、私のなかでは、「ばかね、死は魅惑的なのよ」と赤ワインを傾けながらおっしゃるお姉さまと、「そもそも死なんて概念はあまりにも宗教的あるいは霊的なものに染められすぎている、科学的に言うと……」と語りだす白衣を着たお兄さまのふたりが浮かんでくる。何の想像かって、『臨死体験』という本の擬人化だけれども。

なんで『臨死体験』を擬人化するとそのふたりが浮かんでくるのかといえば、この本が「死」という人類最大の謎を目の前にして、「宗教的・精神的・霊的」アプローチと、「科学的・合理的・数値的」アプローチの双方をとっているから。

どういう本かというと、「臨死体験」つまりは「一度死んで、何らかのイメージを見て、それからこの世に帰ってくる」体験について、博覧強記というべき作家・立花隆さんが、徹底的にさまざまな人の話を聞きながら調べ上げる……という本。

本書には、ほんと〜にさまざまな人が登場する。たとえば医者や研究者はもちろん、事故に遭った際に臨死状態になったアメリカの元患者さんから国際臨死体験研究学会の講演者に至るまで、「臨死体験というひとつのアプローチから、ここまで深く世界は広がっているのか……」と呆然とする量のデータや言説が差し出される。

立花隆という書き手がそうなんだと思うのだけど、『臨死体験』という本、世の「文系的考え方」と「理系的考え方」の二方向どちらに対してもアプローチを最後の最後まで怠らない。たとえば「一度（科学的に）死んで、そのとき（精神世界で）むかし死んだおばあちゃんを見て、それから（科学的に）生き返りました〜」という体験談に対しても、「心拍数が死を規定しているのか？」「みんな死んだ人のイメージを見るのか？」「臨死した状態で見るイメージに統一性はあるのか？」「死後の世界、とどの国でも言うのはなぜなのか？」と、幾重もの疑問点を見出す。そしてその疑問点を、一から十まですべて洗い出し、彼は調べ、問う。いったい、そこにあるのは、どういう現象なのか、と。

私は凡庸な読者なので、ちょっとオカルトちっくな話が出てくると「え、ええ〜そっちにいっちゃう〜？」と引いてしまったり、あまりにも自分の思想とかけ離れた宗教の話になってくると「お、おうそうか……そういう考え方をする人もいるよな……まあな……」とぼんやり目を細めたりしてしまう。だけど立花隆はそんなことをしない。「あなたの言う霊的世界とはいったいどういうものを指して述べるのか」「それはひとつの宗教に共通する思想ではなくて、あなたの思想ではないのか」などと、ぐいっと最後までひるまず突き進む。

そう、彼は引くことがないのだ。どこにいっても、何に対しても。

死ぬことをめぐる問いや感情には、どうしたって、「これ以上先にいったらやばいかな」と、引いてしまう領域がある。それは小さい頃の私が、死ぬことに惹かれてしょうがなかったくせに、「でもこんなのに興味をもつのってわるいことだよなー……」と罪悪感をもっていたのと同じことだ。小さい子でも、それ以上進んだらあぶない、って思う。でも立花隆は、引かずに、あえて突っ込む。その先を見ようとする。だから読者も、どきどきしながら後ろをついていってしまう。

死んじゃあだめだし、死にたいと言われたら死なないで！　と返すほかない。でも私は、死にたいときにはぼんやりと死そのもののことを考えてみるのも、手なんじゃないかと思う。自分の生死だけじゃなくて、世界にとっての死とか、そもそも概念としての死とか。死ぬことについていろいろ考えているのは、あなただけでも、私だけでもない。立花隆がいるし。

死ぬってどういうことなんだろう、脳みそではそのときいったい何が起こっているんだろう、存在は、私自身は、そのとき何になるんだろう。

恐怖も好奇心も葛藤も、ぜんぶこの本がまるごと包んで、探求してくれている。

臨死体験の取材にとりかかったはじめのころは、私はどちらが正しいのか早く知りたいと真剣に思っていた。それというのも、私自身死というものにかなり大きな恐怖心を抱いていたからである。

しかし、体験者の取材をどんどんつづけ、体験者がほとんど異口同音に、死ぬのが恐くなくなったというのを聞くうちに、いつの間にか私も死ぬのが恐くなくなってしまったのである。

これだけ多くの体験者の証言が一致しているのだから、多分、私が死ぬときも、それとよく似たプロセスをたどるのだろう。

(『臨死体験』、下)

処　方

人類最大の魅惑「死」に迫った知的ノンフィクション。死にたいときに読むとむしろ面白くて「臨死体験のひとつやふたつ自分も体験しないうちに死ぬのは嫌かも……」と思える。死んだら臨死体験できないよ!!

28

自炊したくないときに読む本

『きのう何食べた？』
よしながふみ
（講談社、二〇〇七年〜）

効く一言

「ね　シロさん　今日も元気出してね！」

突然ですが聞いてください。私の「自炊がめんどいときに自炊をする気分になる方法」。

自分を『きのう何食べた？』の主人公シロさんであると思い込む、ことです！

あのね、この方法めっちゃ効くんですよ。ええ。

えっとね、「いきなり何言ってるんだコイツ」と引いてるあなたの目線を感じたんで、どれくらい効くのかをお伝えするためにまずは『きのう何食べた？』という漫画の素晴らしさについて語りたいと思いますね。ハイ。いいですか。いきますよ。

ほんと私、大学入って一人暮らしを始めて思ったのが「料理って手順がすべてなのだ……」ということですよね。料理の上手・下手ってもちろん器用で勘がいいとかレシピの覚えが早いとか味覚が鋭いとかそういうこともありますが、一番は「最も効率のいい手順をすばやく脳内構築できるか否か」ではないでしょうか。炊き込みご飯とお味噌汁と肉じゃがとおひたしと湯豆腐を用意しようとしたところで、まず何から始めて何を組み込むのか、という手順決めが最も料理のうまさを決定してるのではないか、と。だって結局手順がよければそのぶん落ち着いて味を見て調味料の加減もできるし自炊が手早く続けられるから日々つくることができるし。

しかし手順をいかに組み立てるか、ってどのレシピ本にも書かれてなくないですか⁉ いやたぶん頭のいい人なら教わらなくてもできるんでしょうが、頭のわるい私にはけっこう難しい……さあどれから始めよっか〜と一瞬止まってしまいます(ってこれ、頭のよさというより性格か?)。

が‼

あらゆる料理漫画をおさえて現代のベスト・オブ・料理漫画(今勝手に決めた)として君臨する『きのう何食べた?』は、一話に一回「手順も込みで主菜・副菜ぜんぶつくるとこを見せる」のです!

いやほんとこれ革命ですよ。仕事の繁忙期でちょっと疲れたときの副菜テキトー回とか、同居人が熱を出したときにつくるおかゆ回(しかしちゃんと副菜はある)とか、友達と花見をするのでお弁当をつくる回とか。ぜんぶ「生活のなかの料理」で、主菜も副菜もつくる順番が書かれている。

『きのう何食べた?』に載ってる料理だけで毎日の食事がカバーできるのでは⁉ と思うよ。

……ここまでヒートアップして喋ったのに基本情報を伝えてなかったことに気づいたの

で、ええと補足しておきますと、『きのう何食べた?』という漫画の主人公は、日々の料理と節約を異常にきちんとする主人公のシロさん(四〇代男性・職業は弁護士)。彼は職場の皆さんに同性愛者であることを隠しているんですね。同居人というか恋人のケンジ(シロさんと同世代の美容師さん)も同じく同性愛者で、『きのう何食べた?』は彼らの日常とごはんを中心に進む漫画なんですね。

で、このシロさんはケンジいわく「副菜の鬼」で、しかも節約とダイエットにも日々細やかに気遣いながらきちっと生きている人であるがゆえに、『きのう何食べた?』は倹約料理漫画という今までになく「実際に使える」レシピを教えてくれる漫画になってるわけです。ほんとね、そのあたりのレシピ本よりもずっと役に立つ料理漫画なんですよ……!

しかしなんで私が脳内で自分をシロさんであると暗示をかけたら自炊をする気になるかといえば(やっとここまで来ました)、シロさんが異様に料理の手順がよくてきちっと日々自炊をする人だから。

ま~シロさんはちゃんと冷めてもいい副菜をつくってから汁物をあたためその間に主菜をつくったりとか、「こ、こうすれば自炊ははやくできるのか……」とその手順の洗練度合いにほれぼれ。

冒頭に申し上げた「料理の手順をすばやく組み立てるにはどうすればいいのか問題」も、『きのう何食べた?』によって解決の兆しを見せています。すごいぞ。

もちろんすごいのはレシピだけではない。『きのう何食べた?』のなかでは、ずっと息子が同性愛者であることに葛藤していた両親とちょこっと和解したり、そんな親の手術があったり、知り合いの夫婦に子どもが生まれて育っていったり、職場に新しいパートさんがやって来たり……彼らの過ぎてゆく日常を描きながら、そのなかでいつも食事の場面があるわけです。たしかに食べることって生きることの基本であって、大切な人と食事を一緒にすることこそが人生とも言えそうな。

いろんなことがある日々のなかで、自分と大切な人の健康と日常を守るために自炊をたんたんと続けるシロさんには、たとえば島耕作にはない新しい労働人的カッコよさがある。いやそんな大げさなことを言わなくても、シロさんのように料理も仕事も家庭もきちっとできている人に、私は憧れをもたざるをえない。

未来へのロマンチシズムじゃなくて、気合や根性でもなくて、きちっとごはんをつくって食べる日々にこそ、愛情ややさしさが積もるのです。そんな漫画。自炊が苦手なあなたも得意なあなたも読んでみましょう。

処方

この世で一番自炊欲が湧く漫画。何がすごいってこれまでの料理漫画と違って「副菜も含めた毎日の食卓」にぴったりなレシピが出てくるところ。自分を含めた誰かに料理をつくりたくなります。

29

失恋したときに読む本

『ペンギン、日本人と出会う』

川端裕人

（文藝春秋、二〇〇一年）

効く一言

ポジティヴな面、ネガティヴな面が、表裏になって混在しつつ、今も「ペンギンと日本人」の物語は続いている。

失

恋しましたか。おつかれさまです。つらかったですね。たいへんでしたね。

そんなときも人生にはありますよ。


……とか話しかけても、言葉がまったく効力を発揮しないのが失恋ってもんなんですけど。


そこにいてほしい人や、そこにいたはずの人が、自分のなんらかの行為によっていなくなる。しんどい〜。恋愛なんて最低限、人としてのマナーを守ってりゃ、別れることになっても誰が悪いということはなく、ただ相性が悪かっただけなんでしょうが。

それでも、ねぇ、やっぱり自分がもっとちがう自分だったらなぁ、って悩んだり。

でも「自分が悪かった」的な考え方って突き詰めていくと自傷に至るので、ねぇほんと、ちょっと止まったほうがいいわけですよ。「あのときこうしてれば」とか「こんなこと言わなきゃ」とか「この選択をしなけりゃ」ってそれ、きっとその段階でしていなくてもいつかしてたことですよ。うん。失恋ってあなたがあなたであることがだめって言われることだからきついんですが、まぁ、しょうがないです。そういう相性もあります。うっかり。で。じゃあ失恋したときはどーすればいいのか、という話なんですが。

私は、対処法はひとつだと思うんですよ。

人間のことを、考えない！

誰かのことや自分のことを考えると、つらくなるんです。かわいい女の子とかかっこいい男の子を見てもちょっと落ち込むし。小説とかドラマとかでも、若干地雷を踏むことあるし。あかんあかん。

でね。そういうときにおすすめなのは、ペンギンについて考えることです。

『ペンギン、日本人と出会う』という本は、作家の川端裕人さんによる「ペンギン・ノンフィクション」。水族館に行けばだいたい「きゃーかわいい」って愛されているペンギンですが、意外にも世界的に人気なわけではないんだとか。少なくとも「かわいい！」って目線で見ることは少ないようで。

日本人って、ちょっと例外的に、ペンギンを愛しているんですよ。

しかしペンギンが日本人に愛されるようになったのには、実は裏で汗水したたるドラマがあったわけです。一八世紀にやってきた日本初のペンギン標本、二〇世紀初頭の南極探検隊が綴った「食用」ペンギン、そこではじめてペンギンを「かわいい」と表現しペンギンの鳴き声を短歌や俳句のテーマにした日本人（感性がすごい）、戦後の捕鯨産業と結びついてペンギンを大量に飼うようになった動物園、そして完成する「上野方式」、そこからペンギンを飼えるようになるまでの水族館の人たちの苦労、ペンギン研究者たちへの偏見、就職が難しいのにペンギン研究に没頭する研究者さん（読んでて泣く）……。

おいおい日本人、ペンギン大好きかよ。驚くほどに深いペンギンと日本人の歴史、そしてそこで奮闘していたペンギン関係者の姿が本書では明かされています。

作者の川端裕人さんは、科学をテーマにした小説やノンフィクションを書くのがもんのすごく上手い人なんですが（名作『夏のロケット』よ！）、本書では「ペンギン」に彼の全精力（主に取材力と文筆力）がささげられていて、なかなかの力作になっております。

「正直、どうしてぼくがペンギンをやるのかって思いました。今までケモノばかりやってきて、鳥を手がける発想がなかったので。でも、DNAを使ったペンギンの系統分析は、世界的にもまだ行われていなかったし、日本ではペンギンのサンプルが豊富に手に入って、逆にペンギンがたくさんいるはずのニュージーランドの研究者がうらやましがるほどなんです。それで、その気になってしまって

「……」

(『ペンギン、日本人と出会う』)

こんなふうに語るペンギン研究者がいるほどに、日本のペンギン研究は進んでいる。なぜならペンギンが多いから!

ペンギンが愛されているからたくさんのペンギンが育てられ、その結果研究も進む……。日本人とペンギンはなんだか相思相愛なのかも、と思えてしまう。

そう。この本を読んでいると何に感動するって、ペンギンというひとつの種に対して、時を超えていろんな人からの愛がそそがれているさま。

いや、そりゃ関係者みんながみんなペンギンを死ぬほど愛していた……ってわけじゃないでしょうが、しかもその愛がうまい方向に進むかと聞かれれば現場にはジレンマも多大に存在するのだけど、それでもペンギンのことを育ててゆこう、いつくしんでゆこうとする人たちがたしかにいる。絶滅危惧種ならばなんとかしよう、悪い面があるなら是正してゆこう、とする愛がそこにはある。

いやはや、ペンギン。愛されてんな。

だからね。あなたも失恋したときは、人間じゃなくて、ペンギンたちにそそがれた愛のことを考えましょう。

あなたが愛をそそぐ対象は、恋人だけじゃなくてもいいはずだと思いません？　仕事や勉強や趣味や友達や家族や知り合いの人やペットや二次元や推しメンに至るまで、たくさんの愛をそそぐ場所はほかにもある、はず。

誰かひとりに否定されても、見渡せば、愛をそそぎあう人（もの？）はほかにいる。そして愛にはいろんな困難がともなう。

あんなにみんなに愛されているように見えるペンギンにも、やっぱり困難がまだまだ立ちはだかっている。

だからまぁ、元気だしてくださいね。元気なくなったら、どこかの動物園で生きるペンギンのことを考えればいいんですよ。

ちなみに私のおすすめはケープペンギンです。かわいいよ。

処　方

恋愛のことを考えたくないときはノンフィクションに限ります。人間以外に思いを馳せましょう。南極のペンギンが日本にやってくる時代です、あなたもまだまだこれからどこでも行ける、誰とでも出会える！

30

育児がつらいときに読む本

『トーベ・ヤンソン短篇集　黒と白』

トーベ・ヤンソン

（冨原眞弓編訳、ちくま文庫、二〇一二年）

効く一言

厚い霧、この春いちばんの霧が、街にやって来た。よい兆しだ。氷がゆるみはじめるだろう、ほどなくして。

最近ね、昔から見てた元アイドルの女性が、子どもを産んだんですよ。びっくりしませんか？　こないだまでアイドルだった女の子が、お母さんですよ。彼女と同年代の子はまだアイドルやってたりするのに。ねえ。時の流れのはやさったら。

でもね、彼女の家に遊びに行った子が、ラジオで言ってたんです。

「もう一四歳くらいからずっと見てるし、あの子がお母さんになるだなんてどんな感じなんだろ〜と心配してたけど、でも、ちゃんとお母さんの顔になってた」って。

この話をぼんやりと聞いて、そうかあ、と感慨深くなるとともに。思ったんですよね。

そーだよねえ、どんなお母さんだって、むかしは一四歳の女の子だったんだよねえ。

育児、大変ですか？　大丈夫ですか？　いや大丈夫かなんて他人に聞かれても、とにかくやるしかないんでしょうけれど、しかし、ねえ。こう、逃げられなさ、というか。いやーもうほんと日本のお母さんにみんなやさしくあってくれというか、どうか、あなたの周りの方だけでも協力的であってほしいのですが。

育児でつらくなったとき、どういう本を読んだら癒されるかなあ……と、このお題にはちょっと悩みました。子どもが出ていたら微妙かな、とか、いやそもそも癒されるとか考えるのがよくないかしら、とか。

　でも思ったんですよ。

　そもそも「お母さん」って、役割であるだけであって、お母さんはむかしからお母さんなわけじゃなかったんだよなー、と。


　ぜんぜん関係ない話（しかも本にも関係ない話）、聞いてくれます？　最近、家族と旅行したんです。久しぶりに。

　大学入ってから家族旅行だなんて少なくなってたから、久しぶりに両親や兄弟と長時間一緒にいたんですけど。

　ふっと旅行中しみじみ思ったことがあって。それは、「あ、私はずっと、親と子みんなで家族だと思ってたけど、ちがうんだよな。父と母が結婚した結果として子どもが生まれたのであって、子どもはこの夫婦の一時期を貸してもらってただけなんだよな」ってこと。

　分かりますか？　伝わるかなあ。

　子どもからしたら親はずっと親で、父と母とかそういう役割の人だって思ってるんですよ。たとえるならクラスのなかの委員長と副委員長、私たちは役職なし、みたいな。

でも、ちがうんですよね。そもそもこの家族はふたりが結婚しようとしたその時点で完結していて、しかしその結果として子どもが転校生のようにやってきてお世話してもらって一時期過ごさせてもらって、しかしそのあとは、また転校していくだけの存在なんですよね。あくまでクラスの主は父母だけだったんだな……みたいな。

いやそれが嬉しいとか悲しいじゃなくて、「そーいうものだったそういえば！」と気づいたんです。

……しかしこの気づきを友人何人かに話したところ、「え、そうだよ!? 気づかなかったの!?」「まあ分かる、最近私も同じよーなこと思う」等の返答が得られたため、意外とみんなはやくから気づいてるんだな……と驚いたり。いや私が遅いだけか？

だから。お母さん、って、子どもとの一時的な関係性でしかないんですよね。

いやまあ子どもからしたら母は永遠に母ですし、たぶん母から見ても子どもは永遠に子どもなんでしょうけれど。それでも、でも、ぜんぶ母として正しくなきゃいけない期間って、ものすごく一時的なんですよ。

なんというか、子どもって母のことを（とくに小さい頃は）まじ正義だと思ってるし、たぶん母も子の前ではまじ正義として立たなくちゃやってられなくないですか？

でも、たとえば今回ご紹介するトーベ・ヤンソン——ムーミンシリーズの作者さんなんですけど、短編小説がブラックジョークにまみれてて最高なんです——の小説を読むと、登場人物誰ひとり正しくなくて、「ああ世界ってそもそも正しくないもんだった」「私ばっか正しくあろうとしなくてていいや」と思えたりするんです。

やっと本の話が出ましたね。そうです、今回ご紹介するのは、育児に疲れたあなたに読んでほしい「ムーミンの作者によるブラック・ユーモア・短編小説集」なのです。

一章がものすごく短い小説たちが集まっているので、ムーミンを子どもに読ませる隙間で、ぜひ読んでほしいんですけれど。

たとえばこの本に載ってる「花の子ども」なんかね。作者のブラック度が炸裂しててものすごい小説で。

誰もが羨む花のような女の子だったのに、成長していくうちに、幻想と狂気の世界に住むようになってく女の話。

ホテルの部屋のテーブルには白ワインの壜と勿忘草《わすれなぐさ》の花束。フローラはまた泣いた。「みんな大好きよ」とすすり泣く。「これはわたしの花、わたしの昔からの花ね……。あなたたちがこのフローラ・フォーゲルソングを忘れるわけがないと思ってたわ！」

（『トーベ・ヤンソン短篇集　黒と白』）

もう読んでて半分ホラー。や、半分どころの話ではない。読んでいただいたら分かるのですが、そもそも作者トーベ・ヤンソンの目線が皮肉ききまくりなんだもの。ひぃ。

ここに載ってるのは、どこか歪んでたり斜に構えていたりして、「正しくない」登場人物たち。清廉潔白でも特別生きやすくもない、フィンランドのどこかにいる人たち。だけど、彼らの物語を読んでいると、ふしぎと、その「正しくなさ」に癒されるんです。分かりますか。彼らのまちがってるところが、読んでていとおしくなってくるんですよ。

うまくやれない芸術家。偏見に満ちた発言をしてしまう大人。作品を生むことに行き詰まる漫画家。男たちのなかに交じる女の子。幻想のなかにしか住めない、女……。

この本を読むと、お母さんもみんなも、べつに正しくなくていいんだよな……って私は思います。むしろ人間は正しくないとこがうつくしいのに！　って。
と言いつつしかし、ぜんぶ正しくなくていい、っていうことがこのご時世どれほど難しいかって話ですよね。まるとかばつとかつけるばっかりで、この短編小説集に出てくる人物たちは、どこにいったんでしょうね。

お母さん、ほんとにおつかれさまです。
あなたも、このまえまで、正しさに反抗するひとりの女の子だったのにね。
世界中のお母さんが、どうか報われますように！

処方

ムーミンの作者による短編小説たち。現実から離れて、北欧で誰かの話を聞いてる気分になります。どれも短いお話ですが、体に沁み入ります。

31

残業で疲れきって本が読めないときに読む本

『るきさん』
高野文子
（ちくま文庫、一九九六年）

効く一言

「ね　るきちゃん　あたしなんか今すっごい贅沢な気分した」「した　手持ちの宝石売りながら暮す没落貴族のハイミスの気分」

た

だたんたんと生きるだけ、という日々が、あまりにも我々にはむつかしい。
だっていろんなことを考えなきゃやっていけないし。ちょっとてっぺんのあたり茶髪がプリンになってきたからやばー美容院はよ行かなーとかなんでツイッターにはいいねしてるくせにＬＩＮＥは返さないかなあこの子とかどうしたらもうちょっと先輩に気に入られるのかよく分かんないけどでもこれ以上飲み会には行きたくないやとかなんでダイエットしてるはずなのにこんなにごはんに誘われるんだろでもやっぱり断ると感じ悪いしああ交際とか付き合いってお金と時間が必要とかそもそも生きてくにはなんでこんなにお金と時間が必要なんだろあるわけないじゃん日本の片隅でほそぼそ生きてる小娘にさあ！とか。

つらつらと考え始めたら止まらない思考というものがこの世にはあり、あいにく言葉の使い方を覚えてしまった私たちは、ただ体を右から左に動かすだけでも、思考とか悩みとか余分なものを付け加えてしまう。

で、残業して疲れた日には、そんなふうに言葉で操る思考すらおっくうで、「ああでもなんかうっすらぼんやりした脂肪のような思考が体にはりついている……」とべたべたした自分の重さを呪うのだった。

……ありません？　そういうとき。

でもねえ、疲れきってだけどなんか読みたい摂取したい、ってときはたいていスマホをだらだら見ちゃうんですけど。私の場合。そういうときに見るスマホって、たいして面白くないというか……わりと「ああなんで時間をだらだら使ってしまったのか！」と頭を抱えたくなるような時間になっちゃうことが多いんですよね。

いや、スマホを悪く言うつもりはないんですけど。まあ疲れきって見るときのスマホって鬼門だよね。

でも本をがっつり読む元気はない。なら、あなたは『るきさん』を読もう。と私は言いたい。

『るきさん』は高野文子さんの漫画。バブルの時期の女性誌『Hanako』で連載されていた、一話二ページの短い物語。独身で在宅事務職の女性「るきさん」を主人公とするんですが、今で言う「日常系」の漫画なんですね。

っていうのも『るきさん』という物語は、るきさんの友人であり独身ＯＬ「えっちゃん」が家に遊びに来たり、障子を張り替えたり切手を集めたり特売のお肉を買ったりはするんですけど、とくに男性の影もなく（つまり派手な恋愛はない）、大事件もないままに、たんたんと生活が続いてゆく。この漫画がバブルの華やかな時期に連載されていたことが奇跡。って言えるくらいには、稀有な漫画。

でも、るきさんが絶妙に「こんなふうに生きられたら幸せだろうなー……」って思える暮らし方をしていて。ほんとに、まじで、日常に疲れたみんなに読んでほしい。

たとえば、るきさんが餃子をつくって、えっちゃんがそのレシピを書き留める回。えっちゃんはメモをとっていた文房具をしまおうとすると、そこには口紅がある。「あら　だめじゃない」と言うえっちゃんに対して、るきさんは「あーついね　わかってるんだけど手近にあったんでほうりこんだ」と言います。口紅をしまってあげようと化粧品入れを開けたえっちゃんは、そこにペンチを見つける。「マニキュアの栓がかたかったんでそれであけた」と言うるきさん。ペンチをしまってあげるために工具箱を開けたえっちゃんは、ラー油をみつける。「のこぎりの歯にぬった　サビ止めがわりに」と言うるきさん。ラー油を使って餃子を食べようとすれば、醤油が瓶ごと出てくるので、えっちゃんは「るきちゃん　しょうゆさし出てこないんでしょ」と言うのでした……。

これだけの話なんですけどね!?

でもこれだけでいられるのって、稀有じゃないですか。みんな、口紅と文房具が一緒になってたら「なんで私ってこんなふうにがさつなんだろ……」って悩んだりするもんだし、友達にさくっと餃子だけ（しかも醬油さしなしで）出せる距離感なのもなんかいいし、要は、るきさんみたいに生きることがどれだけ難しいか。

ナチュラルとか、自然体とか、そんな言葉で包んでしまうと、逆に『るきさん』という稀有な物語を余計なカテゴリーに入れてしまうようで、ためらわれてしまうのですが。

張らなくていい虚勢とか、いらないプライドとか、ふいに気づいたらそこにある先入観とか、そういうものがどれだけ私たちの人生を損なってるんやろ。って、『るきさん』を読むと、思うんですよ。

残業おつかれさまです。毎日、余計なもの、たくさん背負っちゃいますよね。いらないものまで、そんなのリュックに詰めた覚えないいっつーの！　と毒づきたくなる雑用とかプライドとか、いつのまにか増えてしまう。

でも『るきさん』を読むと、なんとなく自分が機嫌よくいられるのが一番だな……って思い出せたりしますので。ぼちぼち、むりせず、がんばりましょう。応援してます。

処方

るきさんみたいに生きられたら、残業して疲れきった夜も、余計なことを考えず、ぐっすり眠れるのになあ。とたまに思います。

32

病気になったときに読む本

『ガラスの仮面』
美内すずえ
（白泉社、一九七六年〜）

効く一言

「いいえあたし　あたし女優になります！
女優になります！」

私が万が一入院するようなことになったときに持ちこむ本は、決めている。

『ガラスの仮面』だ。


ちなみにこれを決めたのは中学生のとき。

しかし中学生の頃から読み続け、しばしば一巻から再読する『ガラスの仮面』を、実は私は最新刊まで読んだことがない。結局、読み進めているうちに、どこかで「時間切れ」のほうが先に来てしまう。

それはなぜか。

『ガラスの仮面』、いや、「ガラかめ」は、読み始めたら止まらないからだよ！

病気になったときというのは、体はつらいし気分もつらいしとかく気が滅入るものであると思うけど、しかしそんなときこそ「ガラかめ」を読むべきだろうと思う。

なぜなら、「ガラかめ」は、元気なときよりも、弱ったときのほうが「効く」から。

むかし高校時代の担任の先生がおっしゃっていた（すみません先生、勝手に引用します）、「世の中には二種類の本がある。エネルギーをくれる本と、知識をくれる本」と。

いわく、エキサイティングな面白さで展開し、読み終わったあと「はー面白かった！」とすっきりできる本、読むと元気になる本。それが「エネルギーをくれる本」。

反対に、インタレスティングな面白さで展開し、読み終わったあと「へえ、知らなかった」と考えさせられる本、読むと知識が増える本。それが「知識をくれる本」、だそうだ。

なんとなく、いわんとすることは分かる。しかし私は思うのだ。この分類でいうならば、エネルギーをくれる本は元気がないときに読むべきで、知識をくれる本は元気があるときに読むべきではないか？　と。


むかしちょっと書いたことがあるのだけど、あるとき、私はいろんなことが重なって弱りに弱っていたことがあった。弱るというか、滅入る、という感じ。疲れきっていた。そんなとき、吸い寄せられるようにして向かった本屋で「ガラかめ」文庫本一巻を見かけ、反射的に手にとり、買った。今考えても、何度か読んだことのある（図書館だとか人に借りてだとか、いろんな場面で）「ガラかめ」を、なんであそこで買おうと思ったのか、いまだに思い出せない。謎だ。

しかし！　私は覚えている。駅の構内で「ガラかめ」を読んで、ぼっろぼろ泣いたことを。

さすがに人前で泣くのは恥ずかしいお年頃。しかしどうしようもなく泣いた。言っておくが、「ガラかめ」はいわゆる泣ける話ではない。マヤという演劇少女が演劇に向かって奮闘する物語である。

しかし「ガラかめ」は、弱っていた私には、てきめんに、効いた。あんなにも「ガラかめ」が「効く」ときは、もう、人生であとにもさきにもないんじゃないかと思う。

なんで泣いたのかと聞かれれば、やっぱりこの物語が「自分を超えるものと戦う少女たち」の話だったからだと思う。

変な話、「自分を超えるもの」に人は出会うことが、意外と難しい。どうしたって自分に見合う適正サイズのものしか私たちは見ないし、むしろやっぱり楽だから、自分よりもちょっと低いくらいの、やすやすと手に入れられる、届くものを、自分の目線の高さに持ってこようとする。

しかしほんとは、ちがうのだ。出会ってしまったら、変えられない「自分を超えるもの」があって、だけど実際に出会ってもしそれを目指して、夢見てしまえば、自分のはるか遠く、高い場所にあるから、まるでジャックが豆の木に登るかのように、そこには登りゆく苦しい戦いしか待ち受けていない。

だけどマヤもライバルの亜弓さんも、登ることをやめない。「演劇が好きだから」と彼女たちは言うけれど、それ以上に、自分を超えるものに魅せられた若者の宿命を、彼女たちは引き受ける覚悟をしてしまったからだろうと、私は思う。


つよくつよく、マヤも亜弓さんも、つよい志を曲げない。こんなふうに、上を、上をずっと見上げていられる若者が、いま、どれくらいいるっていうんだろう。ってこれは自分が若者であるから言うのだけど。見上げすぎて首が痛くなったら、すぐにやめてしまいたくなる。

背伸びをしない、適正サイズを見極めることが流行っているけれど。それでも私は「ガラかめ」を読むと、泣きたくなる。

だって自分が弱っているのは、星空を見上げずに、自分の靴の汚ればかりを見ているからだって気づくからだ。


マヤも亜弓さんも、満天の星がそこにあるから、と、ずっと上を見続けることを、やめない。「ガラかめ」はめちゃくちゃ長いのだけど（今どこなんですか本編は……）、それでも、ずっとずっとやめない。

病気になったからって、下を向かないぞ。

そう決めているから、私は、いつか自分が入院したときには「ガラかめ」を読むって決めている。そうして元気を出すのだ。

まあ、もちろん絶対退屈しないからっていう理由もあるんだけど。

はやく元気になってくださいね。「ガラかめ」でも読んで、気持ちだけでも、元気になるんですよ!

処方

読んで「うう、『ガラスの仮面』が終わるまで私は死ねないっ」と呟けば、あなたも日本中に何十万人かいる『ガラかめ』の続き気になる同盟」の仲間入り。元気も出るし続きも気になります。はやく良くなってくださいね。

33

孤独を感じたときに読む本

『ホテル・ニューハンプシャー』

ジョン・アーヴィング

（上・下、中野圭二訳、新潮文庫、一九八九年）

効く一言

そのようにぼくたちは夢を見続ける。このようにしてぼくたちは自分の生活を作り出して行く。

わ

～やめてくれ～と思いつつ、でもやっぱり怒濤のようにさびしさが追いかけてくる時期ってあります……よね！　ありませんか？

私の場合は、なんか事件があってさびしさを感じるというよりは、もっともっと偶発的なところで、「ひぇっさびしい」と思うときがあります。風邪をひくかのよーに。というか、風邪をひいていたことを思い出すかのよーに。

人間はたぶん生まれたときから「さびしい」という風邪にかかってきて、ふだんはその風邪を悪化させないようにちゃんと薬を飲んだり予防をしたりせっせと頑張っているのだけど。でも、なにかしらのタイミングで――人によってちがうんですけど、たとえばふっと力を抜いたときに――「えっ、もしかして今、自分はさびしいのでは」と思い出す……ものなんだと思います。

さびしさは風邪！　といくら自分に言い聞かせていても、ぽっかりと穴が開いたみたいなとこからこちらを覗くさびしさは、どうしようもありませんよね。

でも、たぶん人間という生き物がさびしくなかったら、本なんて作らないんじゃないかな……と私は思うんです。さびしさのプラス面、ですね。物事にはいつもプラス面とマイナス面がどっちもあるからちゃんとどっちも見るべし、って誰かも言ってた。誰だっけな。

太古の昔から、ひとりでいるだけだとさびしいから、みんな、昔話を語ったりそれを本にして残したりしてきたわけでしょう。自分が語って終わるだけだとさびしいから。どっかでそれを残しておきたいから。

そう思えば、『ホテル・ニューハンプシャー』みたいな素敵な本が私の手元にあってくれるのも、みんながさびしくあってくれたから、かもしれない。

だとすればさびしいのも悪くないですね。

なんだかポエムみたいな言葉を書き連ねてしまいましたが、『ホテル・ニューハンプシャー』は、たぶん世界で一番孤独に効く……と私が思っている小説です。

孤独に効く、といっても、べつに孤独じゃなくしてくれるとか、友達をくれるとかいうわけではないんですけども。

でも、人がさびしくてしょうがないことを、分かってくれているし、ちょっとの間忘れさせてくれる小説、ではあると思うんです。

舞台はアメリカ、主人公はとある一家。物語は、ある「熊」と出会うところから始まります。

一見、幸福そうに見えた家族は、「なんでこんな目に」と驚いてしまうような事態に次々と遭遇してしまう。

同性愛者であることを原因としたいじめ、学校の同級生たちからのレイプ、一家のなかでの近親相姦、どうしても身長が伸びない低身長症、才能ある作家の自殺、そしてショック死……その果てには、母と末っ子が飛行機事故で亡くなってしまい、父は失明してしまう。

こんなにも事件が続く家庭、ある!? とおののいてしまうのですが、どこか家族たちは明るいまま、そして父はある提案をします。

「ホテルを開業しよう」と。

読んでいると、なぜいきなりホテル? なぜいきなり熊? なんでそんなに事件が起こる!? と、展開に驚きつつページをめくることになるのですが。

でも同時に、泣きそうになってしまう。こんなにやさしくてうつくしい小説、ほかにないよなぁ、と。

「むろん、あなたの言うことはわかりますよ。何年もこの仕事をしていますが、それこそよいホテルの資格というものです。つまり、空間を提供するだけなのです、それから雰囲気《ふんいき》をね、みなさんが必要としているものにふさわしいような。よいホテルというのは、空間と雰囲気を何か寛大なもの、おもいやりのあるものにするのです――よいホテルは、みなさんがそれを必要としているとき（そしてそのときだけ）みなさんに手を触れる、あるいはやさしい言葉をかける、そういったような意思表示をするのです。よいホテルは、つねにそこにあるけれど」父さんは野球のバットで彼の詞と歌の両方の指揮をとりながら言う、「しかし、まとわりついていつも監視しているというような気持は決して与えないものです」

（『ホテル・ニューハンプシャー』、下）

この小説がやさしいのは、提供する場所が「家」とか「教室」じゃなくて、「ホテル」であるところだと思うんですよ。

一家は、たくさんの悲劇に襲われて、たくさん傷つくんですね。表面上は明るくしているけれど、それでも内心は自分の傷を手放せずにいる。そして傷つくことに、疲れきっている。

だけど、一家の経営するホテルにも、疲れた人々がやってくるんです。

傷ついて疲れた人に、一家は、たとえば家族の幻想とか何かを教えるための教室とかそういうものを渡すんじゃなくて、「ホテル」を——一時期だけ滞在することができる、休むことのできる場所をあげるんですね。

「みんなが親切なんです。第一級のホテルではね」彼はシルヴィアに、あるいは彼に耳を貸す誰にでも、言うであろう、「みなさんにはそういう親切を期待する権利があるのですよ。わたしたちのところへいらっしゃい——そしてどうかこういう言い方をお許しねがいたいのですが——傷ついた人のように、と申し上げたい。わたしたちはみなさんの医師であり、看護婦であるのです」（同書、下）

たまに「つらい経験が私を強くしてくれた」という言葉を見かけるのですが。私はそういう言葉を見るたび、いつも「いや涙の数だけ強くなれるならべつに強くなりたくないよな……」と思ってました。

でも大人になった今、むしろ傷つくこととか孤独であることとか疲れることって、わりと避けられないから、だからこそ「強くなって人にやさしくなることができる」というプラス面をみんな強調するんだなぁ、と分かるようになりました。

一家は、自分たちが傷ついたその代償に、ホテルを経営し始める。そして疲れた誰かを、ちょっとの間だけ、泊まらせてあげる。やさしい場所をつくってあげる。

それは夢みたいな時間で、すぐ終わっちゃうんだけど。ホテルだから、永遠にいられる場所じゃないし。でも、一瞬だけでも居場所があるだけで、みんな、ちょっと元気になることができる。

この物語を読んでいると、「ホテル・ニューハンプシャー」というホテルが、『ホテル・ニューハンプシャー』という小説そのもののメタファーである気がしてきます。

一家の見た夢。現実で傷ついた人をやさしく休ませてくれる小説。

痛みに満ちた場面もあるけれど、でも、それもやさしいんですよね。だって中途半端に苦しんでるとことか、自分がつらいときに読みたくないし。

そのようにぼくたちは夢を見続ける。このようにしてぼくたちは自分の生活を作り出して行く。あの世に逝《い》った母親を聖者として甦《よみがえ》らせ、父親をヒーローにし、そして誰《だれ》かの兄さんや姉さん――彼らもぼくたちのヒーローになる。ぼくたちは愛するものを考えて作り出し、また恐れるものも作り出す。つねに勇敢な、いま

は亡《な》き弟がありーー小さな、いまは亡き妹もいる。ぼくたちはとめどなく夢を見続ける。最高のホテル、完璧《かんぺき》な家族、リゾート生活。そしてぼくたちの夢は、それをありありと想像できるのと同じくらい鮮やかに目の前から消え去る。

(同書、下)

『ホテル・ニューハンプシャー』のつくりだす世界は夢でしかないんだけど、だからこそ、私たちにいつもやさしい。

さびしさという風邪をひいたときに、おすすめの毛布みたいな小説なんです。

処方

同性愛、強姦、近親相姦、障害、突然の死……登場人物たちは降りかかる不幸や困難を生き延びて、大人になって、自分の居場所を得て、そして誰かのために居場所をつくる。この世で一番やさしい、どうしても避けられずに深く傷ついたときに帰ってきたくなる小説。

おわりに

いやー、本ってつくづく、幸せなときに読むモノとして作られていませんよね。現実に悩んだとき苦しいとき悲しいときに、読むべきモノですよね。

思いませんか？　人間、幸せだったら本なんて読まなくていいでしょ。なんて幸福な人生。たぶん私はこれまでの人生で一ミリの退屈も苦痛も後悔もなかったら、本なんて読んでいなかったと思います。いいなあ、その人生。いいなあ、その自分。

……ってここで「いいなあ」と言うのは、冗談半分ではありますが、半分は本気です。

たぶん、人間が悩んだり苦しんだりすることがなければ、この世の文学作品はほとんど生まれていなかった。そして生まれても、たくさん読まれることなんてなかった。幸福で、満足しているなら、ほかの人の言葉なんて必要としない。

でも幸か不幸か、私たちは存分に悩んだり考えたり苦しんだりする人生を送るから。そのおかげで、小説家が小説を書いてくれたり、批評家が批評を書いてくれたり、読者が読んで泣いてくれたりするわけですね。

そう思うと、「本」という媒体が、私にとっては人類の業からしみ出た汁のようなものに見えます。

汁を愛する人生、ばんざーい。

私は人々の業もそこから生まれ出てしまった本も、どちらも大好きです。

そんなわけで今回の本は、本をきゅうっと絞って出た部分を文章にする、が裏コンセプトでした。なかなか本のことを書くのって、どこまでネタバレするかとかあらすじはグーグル検索で一発で分かるやないか〜いとか、難しいんですけれど。あえて中身の紹介は最小限にとどめ、「悩みに効きそうな部分」に焦点を当ててみました。うまくいってたら本と編集者さんのおかげ、うまくいってなかったら私の力量のなさのせい、ということでご了承いただければ幸いです！

ものすごく関係ない余談なのですが（自分語りなので読み飛ばしてください）、

私、一冊目に書評の本を出したんですよ。『人生を狂わす名著50』(ライツ社、二〇一七年)という本なんですけど(宣伝になってしまった)。その本が出たとき、はじめて自分の本をひらいて、ぱらぱらっと読んで、「ひえー」と泣けてきてしまったんですね。

べつに自分の文章が本になったからじゃなくて(もちろんそれも嬉しかったけれど)。そこに紹介されている本たちが、あまりにも、どれも「人生のつらかったときに読んですくわれた本たち」だったから。「うーん、自分が悩んでたときの記憶がぜんぶ本に載ってしまった」と思って泣けたんです。

だからこそ、三冊目の今回は、自分じゃなくて、誰かが悩んでるときに、助けられるような本にしたいなー。もう一回書評の本を出すなら、今度は、それを読者の人が悩んでるときにめくりたくなる本にしたいなー。

と、思って、結局それは今回の本になりました。思惑通りにいったかどうかは分かりませんが、私としては、もっとたくさんの人を、本がたすけてくれたらとっても嬉しいです。

ってまあそんな真面目なことを言いつつ、この本はそんなに重苦しい内容でもないんですが。「おわりに」から読んでるそこのあなた、騙されてはいけません。真面目な内容の書評本だと思うでしょ？　ううん全然！　中身読んでくださいね！

日々悩みつつ笑いつつ茶化しつつ、本でも読んで、がんばっていきましょう。私も、あなたのことを、応援してます！

というわけで、打ち合わせのたびに本や漫画のオタクトークをしつつ、にこにこと原稿を催促してくださった幻冬舎の楊木さん、ありがとうございました。

そして今回も勝手に好き勝手言わせていただいた本たちの作者のみなさま（ご存命の方もそうでない方も含め！）、本当にありがとうございます。作品を産み終わったあと、読者にぜんぶ放り投げてくださるから、私たち読者は各々好き勝手、本にすくわれることができるんですね。ありがとうございます。

そして今この文章を読んでくださっているあなた、本当にありがとうございます！　あなたのそばにいてくれる本が、一冊でも見つかりますように。

三宅香帆

みやけ　かほ

文筆家、書評家。

1994年生まれ。高知県出身。

京都大学大学院人間・環境学研究科博士前期課程修了。後期課程中途退学。

天狼院書店（京都天狼院）元店長。

2016年「京大院生の書店スタッフが『正直、これ読んだら人生狂っちゃうよね』と思う本ベスト20を選んでみた。《リーディング・ハイ》」がハイパーバズを起こし、2016年はてなブックマーク年間ランキングで第2位となる。その卓越した選書センスと書評によって、本好きのSNSユーザーの間で大反響を呼んだ。

著書に『人生を狂わす名著50』（ライツ社）、『文芸オタクの私が教える　バズる文章教室』（サンクチュアリ出版）がある。

本書に掲載している書誌情報は、著者の私物である書籍を参考にしております。

本書を制作するにあたり、作品の一部を抜粋させていただきました。

この場を借りてお礼申し上げます。

副作用あります!?
人生おたすけ処方本

2019年9月20日　第1刷発行

著者／三宅香帆

発行者／見城 徹

発行所／株式会社 幻冬舎

〒151-0051 東京都渋谷区千駄ヶ谷4-9-7

電話：03(5411)6211(編集)　03(5411)6222(営業)

振替：00120-8-767643

印刷・製本所／中央精版印刷株式会社

検印廃止

ISBN978-4-344-03511-9　C0095

幻冬舎ホームページアドレス　https://www.gentosha.co.jp/

この本に関するご意見・ご感想をメールでお寄せいただく場合は、
comment@gentosha.co.jp まで。